MUJER

Antorcha del Futuro

TORKOM
SARAYDARIAN

TSG PUBLISHING FOUNDATION, INC.

Editorial Dagón

Mujer, Antorcha del Futuro
por Torkom Saraydarian

Publicado originalmente en idioma inglés
por TSG Publishing Foundation
(www.tsgfoundation.org)
Primera edición en idioma inglés: 1999
Traducción al español por TSG Spanish Translation Team
1ª Edición en español: 2024

Impreso en España por: Editorial Dagón
Tel.: +34 629 627 355
Web: *www.editorialdagon.es*
E-mail: *jrubio@editorialdagon.es*

Editor/coordinador para esta edición:
José Rubio Sánchez: *jrubio@editorialdagon.es*

ISBN: 978-84-19540-71-3
Depósito Legal: V-1765-2024

Impreso en España

Woman, Torch of the Future
by Torkom Saraydarian

First published in English
by TSG Publishing Foundation
(www.tsgfoundation.org)
First Edition in English: 1993

Translation by TSG Spanish Translation Team
1ª Edition in Spanish: 2024

Printed in Spain by: Editorial Dagón
Tel.: +34 629 627 355
Web: *www.editorialdagon.es*
E-mail: *jrubio@editorialdagon.es*

Publisher/coordinator for this edition:
José Rubio Sánchez: *jrubio@editorialdagon.es*
ISBN: 0-929874-33-1
Library of Congress Catalog Card Number: 80-67680
Printed in Spain

Nota Importante: El propósito de este libro es educar. Ni el autor, ni el titular de los derechos de autor, y ni la Fundación TSG Publishing Foundation, Inc., tendrán compromiso, ni responsabilidad con alguna persona o entidad, con respecto a alguna pérdida o daño, causado directa o indirectamente, por la información contenida en este libro.

Esta edición en español ha sido completada gracias al generoso apoyo del Grupo TSG en Idioma Español y al Grupo de Estudios Teosóficos de Valencia (España). Expresamos nuestra profunda gratitud hacia todos aquellos que colaboraron con este proyecto.

SOBRE EL AUTOR

Torkom Saraydarian (1917-1997) nació en Asia Menor. Desde la niñez, fue entrenado en las Enseñanzas de la Sabiduría Eterna.

Visitó monasterios, templos antiguos y escuelas de misterios con el fin de encontrar las respuestas a sus preguntas sobre el misterio del hombre y el Universo.

Vivió con Sufis, derviches, místicos Cristianos y maestros de música y danzas del templo. Su educación musical incluyó el violín, piano, laúd, cello y guitarra. Le tomó largos años de disciplina y sacrificio poder absorber la Sabiduría Eterna de sus fuentes verdaderas. La meditación se convirtió en parte de su vida diaria, y el servicio, una expresión natural de su alma.

Torkom Saraydarian dedicó su vida entera al servicio de sus congéneres humanos. Sus escritos, conferencias, y música, muestran su total devoción a los principios, valores y leyes superiores que están presentes en todas las religiones y filosofías mundiales. Estos trabajos representan una síntesis de lo mejor y más bello en la cultura sagrada del mundo. Sus trabajos enriquecen el pensamiento fundacional sobre el cual el hombre puede construir su Futuro.

Torkom Saraydarian escribió un gran número de libros, muchos de los cuales han sido publicados. Todos sus libros continuarán siendo publicados y distribuidos. Algunos han sido traducidos al armenio, alemán, italiano, español, portugués, griego, holandés y danés.

Dejó un rico legado de escritos y composiciones musicales para el disfrute y beneficio de toda la humanidad por muchos años por venir.

CONTENIDO

PREFACIO PARA LA NUEVA EDICIÓN

En este libro, «Mujer, Antorcha del Futuro», Torkom Saraydarian comparte sus observaciones y percepciones sobre sociedades históricas que pusieron en práctica ciertas características culturales con relación a la formación de sus familias. Aun cuando muchas de estas ideas no están de acuerdo con nuestras sensibilidades modernas, se incluyen aquí con el propósito de comprender la filosofía que descansa detrás de muchas costumbres que los seres humanos han cultivado en favor del componente clave de sus vidas: amor, matrimonio, familia, sociedad. Podemos ver a través de estas páginas como era la cultura de la formación de la familia, la que siempre será una parte única e importante de nuestras vidas. Es una cultura que está siempre cambiando, adaptándose y expandiéndose a medida que definimos el propósito y dirección de nuestro lugar como seres humanos sobre la tierra.

En un momento en que la humanidad está tratando de abrirse paso a través del separatismo, racismo y sexismo del pasado, muchas de las ideas aquí presentadas pueden no ser aceptables para nosotros. Sin embargo, si podemos leer estas páginas desde nuestras almas internas, comprenderemos que los seres humanos siempre han valorado a sus familias. Los seres humanos saben inherentemente que la familia constituye el fundamento de la sociedad. Elegir a la pareja adecuada y cuidar por los hijos son deseos honorables y una base muy necesaria para cada persona responsable. Con nuestra visión interior, podemos leer estas páginas y ganar percepciones sobre cómo recuperar la dignidad de las mujeres y los hombres, la santidad del matrimonio, la seguridad y bienestar de nuestros niños y familias, y formular formas de alcanzar estas metas en maneras que mejor se adecúen a nuestras necesidades actuales. Al hacerlo, también modelamos para nuestras futuras generaciones la naturaleza orgánica de las reglas externas de conducta que siempre mantienen y sostienen el principio interno de la dignidad de la vida.

Los ideales presentados aquí, adaptados a nuestras sensibilidades modernas, pueden ayudarnos a crear una vida que permitirá sanar traumas generacionales, reducir el crimen y promover las correctas relaciones humanas en las familias y en las relaciones globales. Nuestros niños crecerán para convertirse en líderes y educadores, y personas creativas en todo ámbito de la vida. Ellos también honrarán y comprenderán el propósito de la vida, de la santidad de la familia, y encontrarán también nuevas formas de adaptarse a las necesidades de una vida cambiante.

Esperamos que disfruten leyendo estas páginas y consideren las inmensas posibilidades escondidas en el alma humana y en el corazón de cada mujer, cada hombre y cada niño.

UNAS POCAS PALABRAS

Este es un libro para la mujer, para la mujer del futuro, no importa si tiene hijos o no.

Cuando digo «mujer», me refiero a su corazón, a su intuición, a su sentido natural de la belleza, de la compasión, de la pureza y el sacrificio. Sólo el corazón de la mujer cuenta con estas virtudes que salvarán a nuestra cultura, a nuestra civilización, y construirán un futuro para la humanidad.

La gente cree que el sacrificio es un proceso doloroso y humillante de entrega. Esto no es el sacrificio. Para una mujer, el sacrificio es crear una atmósfera para la transformación de sus seres queridos. Sus actos de sacrificio son prueba de que en ella se puede confiar en los momentos más oscuros de nuestras vidas. Para una mujer, el sacrificio es el momento de éxtasis y júbilo.

PRELUDIO

Cuando
dejé
mi hogar
para andar por mí mismo
y seguir la hebra
de mi destino, mi Madre
me miró
con ojos severos
y me dijo:
    «Creo que nunca te veré de nuevo,
    pero siempre estarás
    en mi corazón,
    si sigues
    la dirección de tu Alma
    y previenes el caos.
La dirección existe
solamente
en el sendero de la belleza,
la bondad y la verdad.
Todos los otros senderos
nos introducen en el caos.
    El caos es una situación
    en la que
    te sientes abandonado,
    o corres en círculo,
    o crucificas
    cosas
    que adoraste.

El caos es
una situación
en la que niegas tu esencial
divinidad,
tu dignidad.
El caos es una situación
en la que
tus placeres son
tus metas,
y tu vanidad es
tu guía.
El caos es una situación
en la que hay anarquía
dentro de tu mente
y tu corazón».
Nunca olvidé
sus palabras.
Cada vez que caí,
las manos, las benditas
manos de mi Madre
estaban
sosteniendo mis manos.
Cuando concluyó
sus palabras,
besé sus manos
y de un salto subí al carruaje,
y mi Padre
se apresuró
a llevarme
a la estación de trenes…
Durante tres minutos la vi, con su
vestido blanco y de pie
como la dejé…
Cuando no pude verla más,
dije: «Padre, detente un minuto».

«¿Por qué?».
«Quiero volver
a la esquina de esa calle
y ver si Mamá está allí todavía…».
Mi Padre me miró
como si conociera mis pensamientos,
y en silencio
hizo que los caballos
regresaran…
Estábamos en la esquina de aquella calle.
Mi Madre estaba allí… nos vio.
Entonces, con su diestra
trazó una cruz
y me bendijo…
y se fue a casa.
Tras un silencio
de media hora en el camino,
«Padre», dije, «ella me bendijo…».
«Tu Madre
es una gran mujer.
Te bendijo, sí, te bendijo.
Y su bendición estará
siempre
contigo…».
Madre,
sé cuánto
sufriste por mí.
Este libro
es para decirte
cuánto te amé
y cuánto admiré
tu belleza.

INTRODUCCIÓN

En mi juventud visité muchos centros esotéricos, hermandades y comunidades. Me encontré con Sabios e Iniciados intensamente interesados en el bienestar de la humanidad.

En el curso de mis relaciones con comunidades y centros esotéricos y con sus dirigentes y guías, advertí que recalcaban mucho la paternidad y la maternidad y, virtualmente, preparaban a los jóvenes para que asumieran la responsabilidad de ser padres.

Me encontré con muchas personas y comunidades que pensaban crear una nueva generación que, en el futuro, condujese a la humanidad y la introdujese en una nueva sociedad. Creían que el modo con que la humanidad se ocupaba en la actualidad de la vida familiar y sus responsabilidades no era satisfactorio, y señalaban los defectos de las relaciones familiares que debían corregirse si esperamos tener una vida humana mejor.

No se contentaban con las leyes y normas que las naciones tienen sobre el matrimonio. Veían la degeneración de la verdadera moral y una falta de responsabilidad en la conducción de las organizaciones religiosas, políticas, científicas y educativas, y trataban de presentarle una alternativa a la humanidad. Para ellos, la familia era una unidad sagrada, la piedra basal de la nación y la humanidad.

Veían que el incremento de la literatura y las películas pornográficas aceleraban la degeneración de la familia y de la raza humana, y estaban también al tanto de que las instituciones educativas mostraban una gran irresponsabilidad respecto de lo sagrado de la unidad familiar.

Solían hablar sobre la posibilidad de un nuevo espíritu que impregnara los corazones de los jóvenes y los inspirara a poner en marcha una resurrección de la vida familiar.

Lo que aquí me propongo compartir es una parte de lo que oí y observé.

I

EL FUNDAMENTO

En uno de los monasterios había un curso de estudios llamado «la responsabilidad de los cinco puntos». Este curso sólo se impartía por invitación y bajo estricta reserva a fin de impedir fuertes ataques, en muchas formas, por parte de autoridades contemporáneas. El curso duraba cinco años para los varones, con un curso similar impartido para las muchachas, y sus programas eran los siguientes:

1. Primer año: anatomía del sexo y cómo se relaciona éste con el cuerpo, las emociones, la mente y la sociedad.
2. Segundo año: el matrimonio y sus principales responsabilidades.
3. Tercer año: la mujer, su existencia física, emocional, mental, espiritual y social como esposa y Madre.
4. Cuarto año: el hombre, sus responsabilidades físicas, emociona les, mentales y espirituales como esposo y Padre.

5. Quinto año: el hijo, cómo criarlo y cuáles son nuestras responsabilidades al traer un hijo al mundo.

Los estudiantes tenían acceso a las clases a los 14 o 15 años de edad para que estuvieran listos para el matrimonio, si así lo decidían, a los 21 años.

Los maestros pensaban que, sin el sólido fundamento de semejante curso de enseñanza, la familia no podría sobrevivir, o si sobrevivía, los problemas sociales aumentarían y se sumarían a las aflicciones de la humanidad. Tras diplomarse en ese curso, se tenía un enfoque totalmente nuevo respecto del sexo, del matrimonio y de la vida familiar.

Como resultado de tales cursos, quienes habitaban en esas comunidades procuraban poner en práctica aquellas enseñanzas. Los padres tenían la obligación de investigar a los muchachos o las muchachas con los que sus hijos querían casarse. Los jóvenes podían elegir muy bien a sus parejas luego de seguir el curso de las responsabilidades de cinco puntos, pero era obligación de los padres efectuar una cabal investigación y aprobar la elección de su hijo.

La familia del muchacho o de la muchacha organizaba un grupo de investigación que principalmente estaba compuesto por mujeres mayores, en el caso de la muchacha, o de hombres mayores, en el caso del muchacho. Solían crear modos y medios para encontrarse con la muchacha elegida o el muchacho elegido. Por ejemplo, en el caso de la muchacha, el modo más común era invitarla al baño turco y observar las distintas par tes de su cuerpo. Si la muchacha concurría a la «prueba», las mujeres mayores se encontraban con ella y hablaban sobre las diferentes partes de su cuerpo y solían llegar a un acuerdo sobre si rechazaban a la joven allí y en ese momento, o continuaban con mayor investigación. Solían decir que los seres humanos ¡prestan más atención a la compra de un caballo que al casamiento con un hombre o una mujer! Los padres querían que su hijo o su hija tuviera hijos bellos, con cuerpos bellos, a fin de perpetuar la nobleza de la familia.

Recuerdo a una investigadora que discutía sobre una matita de vellos que vieron entre los pechos de una muchacha. Fue un grave tema de discusión decidir si la muchacha estaba descalificada o no. Una de las investigadoras dijo: «No es buena señal, pues muestra una dispareja distribución de las hormonas...» Entonces no entendí esa observación pues yo era sólo un niño de diez u once años de edad y de aspecto muy inocentón, que seguía a las mujeres mayores con extrema curiosidad.

En la antigüedad, un matrimonio equivocado podía ser causa de catástrofe o incluso de pelea o de guerra. A la gente se la obligaba a ser muy discriminativa desde el punto de vista de la herencia, la moralidad y la reputación de la familia. Solían decir que un edificio alto sólo puede alzarse sobre un cimiento firme y sano, y por ello solían pensar que un cuerpo armónicamente construido, un cuerpo bello, era la expresión exterior del ser interior de la persona.

En una ocasión, las mujeres discutían sobre las piernas de una muchacha que investigaban. Decían que tenía piernas cortas y que eso era señal de esto o aquello, o que tenía piernas largas y que era la señal de tal o cual cosa... Discutían sobre sus ojos y decían: «Sus ojos están demasiado cerca uno del otro, son demasiado chicos». Nadie sabe cuán exactas eran ellas en su juicio y su discusión, pero una cosa era evidente: las parejas que habían investigado antes del matrimonio y que habían aprobado tenían los hijos más gallardos y bellos, y el divorcio era prácticamente inexistente.

Si contamos el dinero que gastamos, el dolor y la ansiedad que experimentamos en un divorcio en la sociedad contemporánea, entonces tenemos graves razones como para advertir sobre las costumbres, normas y leyes matrimoniales de personas que crearon hogares felices, hijos sanos y bellos, y una elevadísima norma de moralidad y honestidad.

El grupo de investigación juraba guardar secreto. Era delito gravísimo hablar de los resultados de su investigación, salvo a los padres del muchacho o de la muchacha. Cuando aquél o ésta no satisfacían las exigencias, tenían los modos más suaves, corteses y educados para rechazarlos. Las investigaciones, en su mayoría, se llevaban adelante sin que la muchacha, el muchacho o sus padres lo supieran a fin de no herirlos en caso de que hubiera razón para rechazarlos.

Después que la primera investigación -la del cuerpo físico era aprobada por los investigadores, tenían muchos modos furtivos con los que el muchacho o la muchacha podía ver el cuerpo desnudo del otro a fin de dar su aprobación final. En tales casos, por ejemplo, unas pocas amigas de la muchacha en cuestión recibían instrucciones del comité investigador. Se las instruía para que llevaran a la muchacha hasta una laguna o un río donde solían nadar desnudas mientras el muchacho estaba oculto bajo un matorral o detrás de una roca para ver el cuerpo de la muchacha. Lo mismo hacían respecto de la muchacha, a fin de que ella viera el cuerpo del muchacho. Este era un paso muy emocionante en el sendero de la investigación, y las muchachas o los muchachos encargados de ello eran secretamente premiados por su inventiva y discreción.

La segunda investigación se realizaba siguiendo el rumbo de la salud de la muchacha o del muchacho o su familia. Solían remontarse hasta cien años atrás en la historia de la familia para averiguar si había casos de:

1. Enfermedades degenerativas
2. Cáncer
3. Sífilis
4. Gonorrea
5. Tumores
6. Enfermedad cardíaca
7. Enfermedades cerebrales
8. Epilepsia, diabetes, etc.

El equipo investigador solía averiguar cómo habían fallecido los antepasados de la muchacha o del muchacho, y de qué enfermedades. Solían determinar si los padres eran sanos, y si también lo eran los hermanos y hermanas. Creían que algunas enfermedades no sólo se extendían durante cuatro generaciones, sino incluso durante siete generaciones, y que en varios ciclos la enfermedad ataca al vástago de la familia.

Puede argumentarse que tal investigación crea un gran obstáculo para el matrimonio, pero también se podrá decir: ¿por qué perpetuar los trastornos, las dolencias, el dolor y el sufrimiento en las generaciones venideras? Hoy en día tenemos un gran problema en la explosión demográfica. ¿Una de las principales respuestas a este problema no podría ser semejante elección lenta y discriminativa?

El segundo paso en la investigación sanitaria era la búsqueda de cualquier señal de trastorno mental en el árbol genealógico. Querían averiguar si algún miembro de la familia de la muchacha o del muchacho estaba internado en un hospital de enfermedades mentales o bajo atención en un hospicio. Creían firmemente que los desórdenes mentales eran muy hereditarios y que, cíclicamente, podían atacar a los miembros de las generaciones venideras. Solían averiguar si había algún caso de idiotez, demencia, etc.

El suicidio era otra cuestión importante. Era un caso muy grave el que los candidatos tuvieran en su árbol genealógico algún miembro que se hubiera suicidado. Al suicidio se lo consideraba un acto contra el Dador de la Vida y una nota muy negra en las constancias de la familia.

El divorcio era otra cuestión grave. El equipo de investigación tenía que averiguar si había casos de divorcio en la familia y las razones para ello. Si el divorcio era el resultado de una mala elección y no habían nacido hijos de esa unión, sino que el candidato había nacido del segundo matrimonio, entonces el caso era más leve y más favorable para el candidato o la candidata.

Se creía que el divorcio era una cuestión importantísima que podía revelar muchas causas ocultas en la familia, desfavorable para un hogar sano. Si la elección del casamiento se había efectuado conscientemente y con una cabal investigación, las posibilidades de divorcio serían casi nulas.

Las constancias de delitos eran otra cuestión investigable. La familia no debía tener antecedentes delictivos a fin de que el candidato tuviera altas calificaciones para el matrimonio. Recuerdo a una muchacha que fue rechazada porque su hermano, encolerizado, había matado a una muchacha. Todo el pueblo sabía esto y la familia no pudo borrar esa negra nota de sus registros, sin importar en qué medida esa familia trató de ayudar a los demás financieramente, moralmente y de otros modos.

Por supuesto, estas eran medidas extremas que debían tomarse, si querían un matrimonio ideal. Podemos tener alguna dificultad en entender estas medidas en esta época de nuestra historia contemporánea, pero la intención principal no eran los casamientos por intereses o placeres personales sino crear una descendencia superior que enseñase a la humanidad los métodos de una salud mayor, una belleza mayor y un futuro mejor.

A los hijos que llegan a este mundo, en su mayoría, no se los quiere, y no se han hecho preparativos para que tengan las mejores condiciones en las cuales vivir. Si la situación presente continúa del modo que está ahora, nuestros hijos futuros nacerán en una atmósfera más contaminada y en condiciones desfavorables para su salud y crecimiento.

En la actualidad, tenemos más libertad y métodos más refinados para averiguar lo que necesitemos saber sobre nuestra esposa futura o nuestro marido futuro, si la pasión y otros intereses menores no hipnotizan y bloquean nuestra visión. Por ejemplo, muchos hombres de esta época se casan con una mujer por sus piernas, o las piernas de ella son todo lo que ellos quieren saber acerca de esa mujer.

Si pensamos con seriedad, veremos cuánto dolor y cuánto sufrimiento causamos a nuestros hijos porque nos faltó una elección correcta, un matrimonio correcto. Somos responsables del sufrimiento, de los dolores y los fracasos de nuestros hijos. ¿De qué modo podremos justificarnos si no tomamos todas las medidas cautelares y trajimos al mundo hijos para satisfacer nuestros instintos, para contentar a nuestros padres o como los frutos inevitables de nuestros placeres?

Luego de investigar por completo toda la naturaleza física del candidato, el siguiente paso en el caso de la muchacha era averiguar las cualidades de su corazón: ¿era bondadosa, generosa, paciente, amorosa? ¿Tenía respeto por sus mayores, por sus padres, o era cruel, indiferente, fría y terca o testaruda? Solían decir que la cualidad del corazón de la mujer es el imán de la familia. El corazón es el que cura, transforma, construye y crea. El corazón es el que suscita lo mejor en el esposo y en los hijos.

Las investigadoras solían ahondar su investigación e indagar si la muchacha amaba a los niños, a la naturaleza, a los árboles, flores, animales y pájaros. Recuerdo que una vez un grupo de investigación tenía a una muchacha de niñera con un bebito para poder ver cómo aquella se comportaba; el bebé lloraba tanto que la muchacha, en su enojo, golpeó a la criatura y luego se marchó de la casa. Por supuesto, se la sacó inmediatamente de la lista de candidatas porque las investigadoras dijeron que, posiblemente, ella no podría ser una buena Madre. Decían que es muy difícil instruir al corazón pues las virtudes de éste, en su mayoría, son heredadas o cultivadas durante generaciones.

Una de las cuestiones importantes de la investigación era el respeto que se mostraba hacia los mayores. Ponían a prueba, una y otra vez, a la muchacha y al muchacho para averiguar si amaba, respetaba y anhelaba servir a los mayores cuando éstos los necesitaban. En aquellos tiempos, no tenían asilos de ancianos, hogares para jubilados, ni hospitales. A los jóvenes se les encargaba el cuidado de sus padres cuando éstos se hallaban en sus años de declinación. Ninguna familia quería tener una novia o un novio que no hubiese sido educado para amar a los mayores y complacerlos hasta cierto grado. También juzgaban que alguna actitud afectuosa con los mayores era una señal de madurez, solemnidad y sabiduría.

En diversos países, muchos jóvenes gustaban congregarse alrededor de los mayores y escucharles contar sus muchas experiencias. Gustaban averiguar sus puntos de vista acerca de importantes cuestiones religiosas, económicas y políticas. Algunos de los mayores eran artistas retirados, escritores o personas de elevada posición; los jóvenes consideraban que era un privilegio estar con tales personas y recoger de ellas sabiduría para poder conducir mejor sus vidas.

Otra cuestión investigable en el caso de la muchacha era averiguar su tendencia hacia la educación, las artes, las artesanías, la música, la filosofía, las ciencias, o si sabía coser, tejer o bordar. En la comunidad, las muchachas eran las que estaban más ocupadas, siempre haciendo algo. Utilizaban su tiempo libre en festejos, reuniones familiares y deportes, pero además de todo esto, asumían tareas de responsabilidad en las granjas: cocina, limpieza, vigilancia de sus hermanitos y atención de bordado, tejido, costuras, artes y artesanías, u ocupadas en algún estudio serio. Decíase que una muchacha holgazana es el agente de Satanás.

Las investigadoras también se interesaban por saber si la candidata a novia sabía cómo cocinar de modo tal que los hijos y la familia recibieran el alimento correcto. Las familias, en su mayoría, tenían recetas especiales que sus experimentados antepasados les habían transmitido, pues sabían qué alimento tenía los mejores minerales y vitaminas y qué cocinar para las necesidades especiales de la persona. Si la familia necesitaba más hierro, tenían para ello distintas hortalizas. Si necesitaban potasio o magnesio, entonces se cocinaban diferentes cosas. En suma, su alimentación era muy equilibrada porque se observaba personas sanas y alegres con energía y entusiasmo alrededor de nosotros. Solían preparar una sopa maravillosa con las combinaciones correctas que contenían pleno valor nutritivo. Había unas pocas familias que daban clases de cocina y de arreglo de la cocina de modo tal que pudiera servir lo mejor posible para todos los aspectos culinarios.

Otro objeto investigable era averiguar si la eventual novia era pulcra, limpia, organizada y económica. El equipo investigador solía crear oportunidades para visitar el hogar de las muchachas y controlar la cocina, el cuarto de baño y el dormitorio para ver si estaban pulcros y limpios, pues, habitualmente, era obligación de las muchachas mantener la casa bien ordenada. Solían visitarla a diferentes horas del día para ver cómo estaba ella vestida y en qué condición estaba la casa. Una vez oí que una señora le decía a una de las integrantes del otro equipo investigador que aunque la muchacha en cuestión era pulcra y limpia, a la señora la había afectado mucho el estado del jardín, pues las rosas y demás flores no habían sido regadas y las hierbas crecían salvajes. Aquella señora se preguntaba por qué esto era así. La otra integrante del equipo le contestó diciendo que el Padre de la muchacha había estado enfermo y que probablemente esa era la razón de que la muchacha no hubiera tenido tiempo ni inclinación para ocuparse del jardín. Esta respuesta no atemperó la duda de aquella integrante que formulaba su cuestionamiento…

La muchacha también debía ser ahorrativa. Una de las virtudes importantes de una mujer es la economía. Si era derrochona, codiciosa y ambiciosa hacia todo lo que veía, la investigación concluía allí. Querían que la muchacha estuviera espiritualmente contenta y que no forzara a sus padres para conseguir más joyas o muebles o para reemplazar éstos sin razón, o para comprar cosas no esenciales y derrochar así el dinero. Solían decir que el derroche era señal de falta de discernimiento y planificación, y que una buena esposa debe tener discernimiento, satisfacción y planificación.

Algunas personas mayores solían explicar a las muchachas qué significa la economía para la familia, cómo podían usar los vestidos viejos para fabricar alfombras, cobertores o diferentes ropas para los niños. Les decían cómo podría economizarse la comida, cómo se podía atender la casa de modo tal que no se desperdiciara el agua, el gas ni otros elementos.

Yo estaba con un hombre cuya esposa le decía cuando salíamos de la casa: «Las mangas de tu saco de trabajo están gastadas. Podemos comprar un saco nuevo o puedo coser unos parches de cuero en las mangas, que podrá extender su vida otro año. Y volviéndose hacia mí, me dijo: «¿Por qué derrochar dinero y material?».

Yo podría imaginar qué catástrofe económica tendríamos si, de repente, ¡los jóvenes se volvieron ahorrativos! Pero me pregunto si la vida no nos obligará, a su tiempo, a que actuemos de tal manera.

Una muchacha organizada era muy respetada. Los padres solían planificar excursiones campestres, fiestas, cumpleaños y aniversarios, encargando los trabajos a las muchachas para ver cómo se manejaban. Solían pensar que una muchacha que supiera cómo organizarse sería capaz de manejar la familia del mejor modo: ahorrando tiempo, energía y dinero. Ser ahorrativo significa que gastemos nuestro dinero en el tiempo correcto, con el objetivo correcto, y en la cantidad correcta.

Recuerdo a algunas señoras que observaban a una muchacha que estaba lavando platos mientras la mantenían ocupada en la charla, pero la muchacha seguía lavando y hablándoles sin desperdiciar una gota de agua. Más tarde, una de las señoras observó: « Si ella sabe cómo ahorrar agua, también le ahorrará a su marido muchas preocupaciones».

De tal manera, quien era ahorrativa, pulcra y organizada, tenía grandes posibilidades de convertirse en candidata a un buen matrimonio.

Los mayores solían pensar que nuestra vida es un gran reflejo de lo que somos en lo interior y las cosas deben cambiarse por dentro si las queremos cambiar, también, por fuera.

La siguiente investigación principal era sobre la vida sexual de la muchacha o del muchacho. Trataban de averiguar si ella o él era normal; si ella se interesaba por otras muchachas o mujeres, o si él se interesaba por otros muchachos u hombres; si la muchacha o el muchacho habían estado o estaban en amoríos, o en el caso de la muchacha, si estaba embarazada o había tenido un aborto.

Así, trataban de averiguar si el muchacho o la muchacha tenían control sobre sus pasiones y podían reorientar sus pensamientos hacia ocupaciones superiores siempre que la excitación tocara sus puertas.

Al aborto se lo consideraba un delito. Sólo había una excepción, y ésta era cuando la vida de la Madre estaba en peligro.

El alma humana, desde el momento de la concepción, se adhiere al embrión mediante el cordón de la vida y penetra lentamente en el cuerpo a medida que el embrión crece. En el cuarto mes, el alma humana ancla y se enfoca finalmente en el cuerpo pineal del embrión. He aquí por qué el aborto es un delito contra el alma humana.

Nos han dicho que cuando el embrión es destruido y es cortado el cordón de la vida mediante el aborto, el alma humana encarnante trata de obsesionar a la Madre y de crear trastornos psicológicos en ella o vaga en el plano etérico durante muchos años, incapaz de avanzar por el sendero de su evolución. Tales almas, al encarnar de nuevo, tienen una muy arraigada fobia contra la muerte, la cual corre como un hilo a lo largo de toda su vida.

Si la muchacha estaba embarazada por una relación extramatrimonial, las señoras mayores sabían cómo manejar tranquilamente la situación. Habitualmente, solían llevar a la muchacha a un lugar remoto en el campo donde tenía su bebé en paz y en sosiego, y luego el bebé era dejado tranquilamente en un hogar en el que la pareja no pudo tener hijos y ansiaba uno. De esta manera, la muchacha era liberada del bebé.

Habitualmente, en estas comunidades nadie solía casarse con una muchacha que no fuera virgen.

En este mundo moderno, una mujer casada o soltera puede encontrar muchas excusas para tener un aborto; por ejemplo, la situación financiera, o por tener ya demasiados hijos, o porque un hijo interferirá en sus carreras, etc. Pero ¿por qué el hijo debe ser la víctima? ¿Por qué no se consideran ni atienden todas estas cuestiones y excusas antes de la concepción? Un hijo no debe sufrir la muerte debido al descuido de su Madre. Y siempre habrá alguna pareja o algún individuo que dará la bienvenida al niño en su hogar.

¡Imaginémonos si un hijo tuviera la posibilidad de llevar a la Madre a los tribunales porque ella lo mató!

Las muchachas embarazadas solteras necesitan nuestra ayuda, tanto como nosotros y la sociedad se la podamos dar. En realidad, nuestra sociedad debe tener hogares profesionalmente organizados, grandes estructuras en las que las muchachas pueden ingresar y hallar refugio y realizar sus estudios y trabajos creativos; escuchar bella música; intercambiar ideas, tener un tiempo naturalmente sosegado y también ayuda estrictamente profesional, ayuda médica y psicológica. En tales hogares, cada muchacha debe estar en libertad para escoger su propio sendero espiritual, sin intervención ajena, y para conservar o abandonar sus creencias religiosas.

En estos hogares pueden aprender cómo criar a sus hijos para convertirlos en buenos ciudadanos y acerca del matrimonio y del valor de la familia. También es posible instruirlas en diversas artesanías o trabajos profesionales para que en el futuro puedan sostenerse, incluso, hacer una buena contribución para el hogar que las recibió con tan grande hospitalidad. Lo principal que deberá prevalecer en tal hogar es amorosa comprensión y sabiduría, para no causar irritación en las muchachas embarazadas, y ayudarlas a que den a luz almas hermosas.

Deberán tener sus horas de sosiego y meditación para crear una buena atmósfera psicológica para sus bebés por nacer y, asimismo, podrán tener algún género de preparación para sostenerse después de que el bebé nació. Esto podrá extenderse hasta incluir un departamento de atención infantil, en el que se vigile y ame a los niños mientras sus madres están enfrascadas en sus trabajos. No olvidemos que al dar nuestra ayuda a una mujer embarazada estamos haciendo disminuir nuestros problemas sociales y económicos para el futuro.

El momento último y más delicado de la investigación era informar a la muchacha o al muchacho sobre la intención del equipo investigador y revelar la identidad del individuo por quien la investigación se había llevado a cabo. Pocas semanas después, cuando todo estaba aprobado por ambas partes, la muchacha y el muchacho eran llevados a un médico para un examen médico final.

Por ejemplo, si la muchacha no había aprobado la investigación, o rehusaba casarse con el muchacho, todo el asunto se mantenía en sumo secreto.

Además de los investigadores, había otro grupo cuya obligación era controlar la información presentada, separar la información que no era importante, y discutir o resolver las partes que podían corregirse. Por ejemplo, el investigador podía averiguar que el muchacho o la muchacha fumaba, o estaba hospitalizado/a, o tenía algún hábito que debía ser considerado. El segundo grupo, que era el de ajuste y consejo, solía hacerse cargo del caso de fumar, por ejemplo, y averiguar si el muchacho o la muchacha lo había hecho unas pocas veces abandonando luego el hábito, o que podían abandonarlo en cualquier momento. En este caso, los mayores solían hablar con el individuo y explicarle las consecuencias de fumar y otros temas afines.

En cuanto a la hospitalización, querían averiguar la razón de ésta. Si la razón era algo que no se reflejaba sobre la salud y la felicidad de la familia, solían dar una recomendación positiva.

En cuanto a los hábitos, solían controlar la naturaleza del hábito y luego hablar con el muchacho o la muchacha acerca de ello para ver qué cambios podrían efectuarse.

A muchos muchachos y muchachas se les aconsejaba que regresasen a la escuela especial y renovasen el curso de responsabilidades de cinco puntos. Hacemos lo mismo en el caso de expedir licencias de conductores: no podemos conseguir una licencia hasta que aprobamos la prueba. No olvidemos que muchas aflicciones y complicaciones futuras podrán evitarse si se toma tal procedimiento con profunda honradez.

Tuve el privilegio de hablar con algunas grandes mujeres que eran consejeras y fuentes de sabiduría para sus familias y clanes. Decían que a las madres se las considera la piedra basal de la estructura espiritual del mundo, y por esa razón a las muchachas se las educa para el sagrado deber de la maternidad.

En estas aldeas, las madres eran las instructoras de sus hijas. A las hijas se les decía que su deber supremo era ser Madre y que debían prepararse para ello y diplomarse para hacerlo. Las muchachas cumplían con entusiasmo sus deberes y responsabilidades para alcanzar el honor de convertirse en esposas, madres, y, eventualmente, abuelas.

A las muchachas se las instruía sobre cómo elegir al hombre correcto, un hombre sano, gallardo, enérgico e inteligente. Creaban muchísimas ocasiones para que un muchacho se revelase en cuanto a su salud, a su belleza de carácter, su energía y su inteligencia.

En estas ocasiones, se organizaban grandes torneos en los que las muchachas y mujeres podían ver a los hombres en acción y podían discriminar entre los que eran sanos y los que eran enfermos; entre los que tenían integridad y belleza y los que eran taimados, injustos y oportunistas; entre los que tenían habilidad creativa y los que eran mecánicos y carentes de creatividad; entre los que sabían cómo usar su inteligencia y los que eran sólo músculos y huesos.

Durante los diversos juegos, a los muchachos se los desafiaba a que demostraran lo mejor que tenían, no sólo en deportes sino también en debates y liderazgo.

Las muchachas, al observar a los muchachos durante largo tiempo, desarrollaban una gran perspicacia respecto de quienes consideraban como posibles candidatos para el matrimonio. Si una muchacha se decidía por cierto hombre, se le daba la oportunidad de entablar con él una amistad más estrecha y de observarle en relación con su modo de pensar, sus cualidades y su madurez.

Este era el primer deber de padres y jefes de comunidades: proporcionar la oportunidad para que las muchachas eligieran a sus parejas y la oportunidad para que los muchachos hicieran lo propio. Sólo luego de largos años de observación, una noble muchacha solía decidir su casamiento con un hombre en especial.

De todos modos, la familia de la muchacha tenía derecho a investigar al muchacho para averiguar si su hija estaría segura al casarse con ese hombre. El grupo de investigadores tenía que averiguar si el muchacho era:

1. Saludable.
2. Amable y considerado.
3. Valiente y de coraje.
4. Paciente.
5. Diligente.
6. Educado.
7. Trabajador y generoso.
8. Honrado en la sociedad y sin antecedentes delictivos.

9. Virtuoso.
10. Intrépido.
11. No adicto a cigarrillos, alcohol u otra clase de drogas.
12. De elevada moral y honesto.

Había una familia que quería averiguar sobre la generosidad y nobleza de cierto muchacho. Le dijeron que se iban de excursión y le invitaron para que los acompañara. En el trayecto se detuvieron en un almacén para comprar unas pocas cosas que necesitaban. Luego que trajeron los alimentos al mostrador, uno de los hombres dijo: «Caramba, no tengo dinero...».

El otro dijo: «Yo tengo algo, pero veamos, no me alcanza...».

De inmediato, el eventual novio interrumpió diciendo: «Déjenme esto. Déjenme pagar todo. Creo que necesitamos más tomates, un poco más de pan, un poco más de fruta...». De modo que recogieron el resto de alimentos, y él pagó todo. Más tarde, los mayores se miraron entre sí y sonrieron.

Durante la excursión, uno de los mayores se acercó al muchacho, y le dijo: «¿Sabes que encontré mi dinero en mi bolsillo interior? Déjame, pues, que te devuelva todos los alimentos que pagaste».

«No», dijo el muchacho, «prefiero no recibirlo, pues si usted no se ofende, considero un gran placer poder gastar una pequeña suma en favor de mis respetados amigos».

El hombre nada le dijo, pero le besó en la frente, lo cual es una señal de gran honor.

La valentía de un muchacho era puesta a prueba en situaciones peligrosas, en épocas de inundación, incendio, terremotos, en circunstancias azarosas, o en peleas.

La educación y una profesión eran cuestiones importantísimas. Un muchacho debía tener habilidad y ser capaz de sostener a su familia sin depender de sus padres o parientes. Debía tener un negocio u ocupación en los que trabajara con honradez y diligencia. Debía ser creativo y en cualquier caso de emergencia debía ser capaz de adaptarse a diversos oficios o labores para sostener a su familia al menos de un modo moderado.

Así, los padres solían preparar a sus hijos para una vida independiente, preparándolos en una ocupación, y si el muchacho resultaba capaz, le daban tierras, una granja, u otros negocios que el muchacho podía desarrollar, convirtiéndolos en una exitosa carrera durante su vida.

Los muchachos incapaces de tener una ocupación seria o no respetados en los círculos comerciales no eran considerados hombres sino niños que necesitaban crecer.

El muchacho debía ser también valiente e intrépido. Un candidato con muy altas calificaciones no logró casarse con una muchacha preciosísima cuando se averiguó que era un cobarde.

Eso ocurrió una tarde en la que algunos jóvenes estaban bailando y pasando el rato con sus familias, y el muchacho había sido invitado. Un rato después, cuando todos descansaban, un hombre muy corpulento tomó un revólver y disparó tres o cuatro veces en dirección al muchacho. Este empalideció, empezó a temblar y no pudo tenerse en pie. Durante media hora estuvo muy confuso. Se le rechazó como eventual novio porque, según dijo un anciano, «no tiene coraje; no es viril y no podrá defender a su familia».

A menudo me pregunté si el anciano estaba acertado en su juicio. Realmente, ¿necesitamos ser intrépidos para casarnos con una mujer y criar hijos en un mundo en el que sólo los valientes podrán sobrevivir? ¿La cobardía es una señal de deficiencia espiritual, falta de energía psíquica, mal funcionamiento glandular, o el resultado de ocultas impresiones dentro de la psiquis? ¿Una mujer quiere casarse con un hombre valiente?

¿Esto es un instinto en ella?

Tres ancianos llevaron a un candidato hasta un río donde se le había preparado una prueba. Corriente arriba, alguien arrojó un cordero al agua, y cuando ésta se lo llevaba, uno de los ancianos gritó: «¡Eh! ¡Un cordero! ¡Se está ahogando un cordero!». Al oír estas palabras y ver la dificultad en que estaba el cordero, de inmediato el muchacho se quitó las botas, se zambulló en el río y rescató al animal. Resultó que sólo era una piel de cordero rellena con paja; una vez llevada la piel hasta la orilla, uno de los ancianos dijo: «Eres un hombre, y eso debe significar mucho para ti».

La reputación de ambas familias de la futura pareja era un factor interesantísimo. Nuestros jóvenes de hoy en día no se interesan por la reputación de la familia, pues su único interés parecer ser si el compañero o la compañera son capaces de satisfacer sus pocas demandas. En una ocasión, una familia prohibió que su hija se casara con un muchacho cuyo Padre regenteaba un prostíbulo, mientras que el Padre de la muchacha era cirujano.

Esto destrozó los corazones de los jóvenes que se amaban sinceramente.

Le expuse este caso a mi Padre, diciéndole: «Si dos personas se aman realmente, ¿por qué deberán considerar los niveles sociales y las reputaciones de las familias?».

«Tal norma parece muy fácil de rechazar», me dijo mi Padre, «pero recuerda: esa norma se basa en la experiencia de muchos miles de años. Hay implícito un karma, están implícitas influencias subjetivas y en muchos casos tales uniones terminan en un desastre».

«¿Qué tienen que ver una muchacha o un muchacho inocentes con la reputación del Padre, si ellos nada tienen que ver con ésta?».

«Esta no es una cuestión de lástima; es una cuestión de escoger lo mejor en todos los aspectos. La finalidad del verdadero matrimonio es lograr una vida familiar ideal, que, a su tiempo, si se multiplica, impedirá la degeneración de nuestra vida social moderna y preparará los hogares para discípulos, iniciados o grandes héroes futuros. Si quieres más explicaciones, yo diría que los hijos serán responsables de las deudas morales de los padres».

«Pero», le dije, «¿hay alguna esperanza para un hijo inocente que nace en una familia de mala reputación?».

«Por supuesto. Esa criatura deberá ser educada y «lavada» hasta que esté lista para demostrar que destruyó las deudas kármicas de su familia, y deberá probar esto por el modo en que vive. Entonces recibirá oportunidades para asociarse con los que tengan niveles superiores».

«La gente cree que una familia de reputación es una familia rica. ¿Eso es verdad?».

«No, no lo es. Algunas familias ricas son muy degeneradas, y con su poder pueden imponer su voluntad a los demás e incluso encubrir sus múltiples fechorías. Hay muchas almas grandes en familias que no son tan ricas. La reputación se basa en la honradez, la confianza, la fidelidad y las cualidades del corazón. Ni siquiera las calificaciones mentales hacen que un hombre sea honrado, digno de confianza o fiel. La reputación es la fragancia de los logros espirituales. A veces las posiciones sociales y montones de dinero actúan como trampas que obstaculizan la evolución espiritual del hombre, y, en ocasiones, un esfuerzo honrado para sostener una familia con un ingreso modesto proporciona condiciones para un mejor progreso espiritual».

Esta conversación con mi Padre me quitó alguna presión que se había estado acumulando en mí por el hecho de haber estado oyendo ocasionalmente varios informes de muchachos y muchachas y los rechazos y juicios.

¿Cómo podremos manejar en esta época el problema de la reputación? ¿Lo olvidaremos? ¿O lo consideraremos? ¿Hasta dónde deberá llegar? ¿Nuestra acumulación de archivos de problemas de divorcio arroja luz sobre estas cuestiones? ¿El aumento del delito en todo el mundo se relaciona con familias de baja reputación?

Los investigadores futuros nos darán las respuestas.

Nunca olvidé aquel día en que, estando con mi maestro, éste me contó sobre un hombre que trató de regentar un prostíbulo en una aldea de la vecindad. Me dijo: «Su Padre tenía mala reputación; cometió muchos delitos en esas aldeas. A menudo, los hijos son la continuación de sus familias si no reciben educación y disciplina correctas en una temprana edad».

Estos pensamientos pesaron sobre mi corazón en tal medida que me preocupé mucho de no suscitar en mi familia censura alguna realizando algo contra mi conciencia y mi juicio.

En mi conversación con muchas parejas advertí que lo más importante era tener un considerable grado de percepción intuitiva y comprensión para que el matrimonio pueda tener buen éxito. La percepción intuitiva no tiene nada que ver con nuestra profesión o nuestros niveles sociales. Se trata de una cualidad del corazón, y si la gente la tiene en alguna medida, una persona con otra se entiende, incluso en circunstancias molestas. Los investigadores buscaban esta percepción intuitiva en momentos privados o íntimos con la muchacha o el muchacho, presentándoles varios problemas de familia y observando sus reacciones ante ellos.

Recuerdo a un muchacho recién casado. Su Padre le dio una suma considerable de dinero, y el muchacho inauguró un negocio. Este mejoraba semana tras semana, y el muchacho y su esposa parecían felices.

Pocos meses después, los hermanos de la nueva pareja visitaron a la familia y se quedaron unas pocas semanas, comiendo, bebiendo y divirtiéndose, al tiempo que crearon gastos extraordinarios para los que el esposo no estaba todavía preparado. Entonces, para Navidad, la esposa quiso que él comprara regalos caros para sus cuatro hermanas y sus tres hermanos. El esposo los compró, pero con pesar. Luego, vio que su esposa regalaba montones de comestibles y ropas a su familia para ayudarla. Un año después, la tensión subió a tal grado entre la esposa y el marido que éste, finalmente, le pidió que cesara de gastar tanto dinero en la familia de ella. La esposa le contesto: «Son mi familia y debo ayudarlos».

«Pero yo no estoy todavía en condiciones de gastar tanto dinero porque mi negocio es nuevo…», le dijo el esposo.

«Tú no nos amas», gritó ella.

«Te amo, ¡pero todos estos gastos extra están arruinando mi negocio!».

«Si pones objeciones a que yo ayude a mi familia, entonces te voy a abandonar». Y ella se marchó de su hogar y fue a vivir a la casa de sus padres. Toda la aldea hablaba del asunto y procuraba hallar una solución. Recuerdo a un anciano que, sentado bajo un árbol, me dijo las siguientes palabras: «Nuestros antepasados tienen muchas palabras sabias. Por ejemplo, dicen: ‹Un oso hambriento no puede bailar›, o ‹¡El que quiera ser amigo de un hambriento, que coma bien porque después tendrá dificultad en encontrar comida!›».

Pensé que estas parábolas eran creación de personas que respiraban por la herida, pero luego comprendí que los investigadores ansiaban descubrir la situación económica de ambas partes, y también averiguar si la muchacha o el muchacho tenían tendencia a derrochar, y le pregunté al anciano: «¿Una muchacha de niveles económicos bajos puede vivir con un hombre rico?».

«Sí puede», me contestó, «si el hombre es capaz de satisfacer todo lo que ella le pida, pero debemos recordar que, por lo general, las personas carentes de muchas cosas desarrollan cierta actitud que se llama ‹ojos hambrientos›. No podrás contentar a tales personas una vez que éstas descubren el modo de ordeñarte en procura de todo lo que puedas proporcionarles. Uno debe tener lo que llamamos un ‹ojo saciado›, un ojo que no tenga 'hambre' y que no quiera tener todo lo que vea alrededor de sí. También es cierto que una muchacha de familia rica tendrá un tiempo difícil ajustándose a una familia que es pobre. Las condiciones económicas de la familia tienen influencias muy potentes sobre su estabilidad».

¿Esto es realmente cierto hoy y en esta época? ¿La situación económica afecta a la relación matrimonial? Tal vez los archivos de los consejeros matrimoniales puedan contestar a tales preguntas.

Me parece que, si la pareja es espiritualmente avanzada y tiene percepción intuitiva y comprensión, podrá ajustarse a las diferencias financieras y liquidar los problemas, si presiones psicológicas ocultas no causan interferencias.

Muchas veces pensé que estos sabios ancianos estaban realmente apegados a sus sistemas de vida, y le conté a mi Padre lo que yo pensaba: «¿No crees que podemos enfocar la vida de modos nuevos?».

Me dijo: «Mira, la mayoría crea una vida complicada y artificial, y luego trata de ajustarse a esa vida. Pero algunas personas quieren vivir una vida basada en sus propios ideales y quimeras. La vida puede ahogarte mecánicamente si no tienes una base…».

Me pareció que mi Padre no respondía a mis preguntas, aunque ahora percibo que había gran sabiduría en aquellos sabios; pero ¿esa sabiduría cómo se traducirá en términos de vida moderna? ¿Nos ajustaremos a una vida carente de normas, o adaptaremos la vida a grandes normas de honradez, armonía, comprensión, libertad? ¿Y cómo hacer esto…?

Algunos problemas sociales nuestros se originan en hogares perturbados. Muchas decisiones equivocadas fueron tomadas por quienes ocupan elevadas posiciones de una nación debido a trastornos en su vida familiar. Muchas transacciones comerciales fracasaron debido a desagradables situaciones familiares de los ejecutivos. Es tan importante que se escoja al compañero o a la compañera de modo que se tengan los mínimos problemas en el hogar, porque nuestra vida hogareña se reflejará en muchas actividades externas nuestras.

Algunas personas tratan de eludir las responsabilidades de la vida familiar llevando vida de solteras, pero esto no resuelve el problema si todavía está allí el impulso sexual que las obliga a tener relaciones con personas diferentes.

Una relación sostenida y extramatrimonial con un novio o una novia presenta muchos problemas. Existe la posibilidad de embarazo y la renuencia a casarse por parte del muchacho o la muchacha. Luego, está la posibilidad del aborto, o de circunstancias tensas y emocionales entre ambos. Muchas jovencitas deciden tener el bebé incluso rompiendo con sus novios que no sienten responsabilidad alguna respecto del hijo.

Un hijo sin Padre pasará tiempos difíciles a medida que crezca si la Madre está bajo presión constante por falta de dinero y otras cosas. Una Madre con su hijo y sin esposo enfrentará muchas tentaciones y muchos problemas.

Muchos amigos disfrutan uno del otro, pero no se sienten mutuamente obligados. Sólo el sentido de la responsabilidad hace que crezcamos en nuestro corazón y en nuestra mente. Existe otro esfuerzo para evitar tales responsabilidades escogiendo una vida de soltero. Pero la verdadera soltería no es para el público en general. Es un logro. A menos que conquistemos a nuestras naturalezas física, emocional y mental y paguemos nuestras deudas y obligaciones kármicas, no podremos entrar en el verdadero celibato en el que dedicamos nuestra vida a una meta suprema o a un gran servicio.

La vida de soltero tiene muchas dificultades y muchos problemas. También los tiene la vida de casado. A veces, la vida matrimonial es una gran escuela para la transformación del alma, si se la escoge y trata correctamente. En ocasiones, el verdadero celibato puede obrar milagros en nuestros esfuerzos. Cada uno debe elegir según su nivel y sus responsabilidades.

He aquí por qué los padres y parientes de los jóvenes, en las comunidades mencionadas, eran muy cuidadosos en sus esfuerzos por ayudar a los muchachos o las muchachas a escoger a la persona correcta del mejor modo posible; solían sugerir que no se casaran si las circunstancias no eran favorables; o, si habían trascendido las obligaciones familiares, los instaban a que llevaran una vida de consagración completa a una gran causa. Una vez un amigo mío me dijo: «Si estos investigadores continúan siendo tan serios en sus investigaciones, me temo que no serán demasiadas las personas que podrán casarse».

No le contesté, pero pensé: «¿Nuestra meta es el matrimonio a toda costa? ¿Todos somos creados para aumentar la población y satisfacer nuestras tendencias y nuestros impulsos sexuales? ¿O el matrimonio es una amistad? ¿Hay un modo en el que un hombre pueda ser muy normal sin relación sexual?

¿El sexo es realmente algo imprescindible, o se lo usa para manejar a la gente, para crear negocios y explotación?

Todavía no tengo respuestas claras a estas preguntas... Recuerdo a mi amigo que me miraba a los ojos y decía: «Vamos, di algo...».

«¿Qué quieres que diga?», le pregunté. «Tienes razón, pero hay algo fundamentalmente erróneo en tu modo de pensar... y todavía no tengo claro exactamente de qué se trata...».

Me parece que en ciertas circunstancias es un delito casarse y tener hijos. Quienes son incapaces de afrontar los deberes de la vida familiar no deberían hacerlo. El hecho de casarse y tener hijos debe ser para quienes están especialmente instruidos y preparados para ello, como un hombre se instruye y prepara para ser médico o abogado.

En unos pocos cientos de años las personas se casarán y tendrán hijos sólo si pasan por ciertas pruebas y exigencias que tratan sobre sus naturalezas física, emocional, mental y espiritual, y sólo con el permiso de autoridades superiores, que, para entonces, serán los grandes médicos espirituales, los sacerdotes que también serán representantes de la ley. Una vez le pregunté a mi Madre: «¿Qué les ocurre a las muchachas o los muchachos que no son aprobados en esa investigación?».

Me contestó: «Algunos se casan si los padres se contentan con unas pocas exigencias fundamentales. Algunos se consagran a Dios o ingresan en conventos y monasterios, y trabajan en el campo de la religión.

Otros van a servir en los hospitales, consagrando sus vidas a los enfermos. Y otros trabajan arduamente y concluyen su instrucción, actuando en campos muy especializados. Algunos se casan, rechazando las consideraciones de las leyes morales de la comunidad; algunos viajan y se casan en otro país... pero no importa dónde vayan, comprenden que el matrimonio es sagrado y que traer hijos a la Tierra exige un gran sentido de responsabilidad.

Y añadió: «Sólo una minoría seguirá conscientemente la ley del matrimonio, demostrando integridad de elevado nivel, belleza, salud y calificada conducción, y podrá cambiar la faz del mundo, si quiere...».

Las superiores exigencias eran un gran desafío para ambas partes. Los jóvenes trataban realmente de empeñarse en ser un ejemplo de belleza, sabiduría y talento, y de demostrar virtudes superiores.

La piedra de toque de una nación que avanza es la unidad familiar. Construyamos nuestra nueva civilización sobre una piedra basal muy preparada.

Había una muchacha y un muchacho que se amaban, y éste quería casarse con ella. Pero la joven quería que él aprendiera a tocar el violín antes de decidir casarse con él. Todo lo demás estaba en orden, de modo que el muchacho concurrió durante cinco años a la academia de un importante maestro para aprender violín. Luego llegó el tiempo en el que dio un gran concierto para la comunidad, y pocos días más tarde la muchacha le aceptó y se casó con él. Esto parece muy romántico, pero ¿el desafío no suscita esfuerzo, y el esfuerzo no hace que seamos más de lo que somos? ¿Nuestro ser no es más importante que nuestros placeres que pueden desaparecer con el paso de los años? ¿Nuestras relaciones no tienen la finalidad subjetiva de suscitar recíproca grandeza y ayuda mutua para seguir adelante en el sendero de la perfección espiritual? Por supuesto, tal Enseñanza no tendrá atractivo para un materialista que come y bebe y supone que la vida es para gozarla, y que con la tumba todo se acabó.

Al leer a Shakespeare hallé el siguiente soneto, que refleja la psicología de muchas personas en la actualidad:

«Mi amor es como una fiebre que desea aquello
que nutre más tiempo a la enfermedad
alimentándose con lo que preserva el mal,
el apetito incierto y enfermizo de agradar.
Mi razón, el médico de mi amor,
enojado porque no se observan sus prescripciones,
me ha abandonado, y yo, desesperado, apruebo ahora
el deseo, que es la muerte, del que la medicina me habría exceptuado.
Estoy más allá de la cura, y ahora la razón está más allá del cuidado
y loco furioso, con un desasosiego eterno,
mis pensamientos y mi discurso son como los de los locos,
y alejados de la verdad, se expresan en vano;
Pues he jurado que eras blanca y te pensé brillante,
Tú, que eres tan negra como el infierno, tan oscura como la noche».[1]

En la antigua Grecia, los grandes filósofos, o los dirigentes políticos usaban normas superiores para producir cuerpos sanos y bellos, y personas de talento. Las personas de estas comunidades remotas tenían una sola cosa en su mente: mejorar la vida. Creían que la vida era una escuela especial en la que debemos

1 *Obras Completas,* de Shakespeare, Edición Gladstone, página 1046, Soneto CXLVII (New York: Harper & Bros., 1953), p. 1317.

hacer lo mejor que podamos para alcanzar madurez espiritual y expresar esa madurez en nuestra vida diaria y en nuestras relaciones sociales. Su sueño era crear un hombre y una mujer superiores. ¿Eran capaces de hacerlo? Yo diría que sí, mantenían la bandera en alto, y aquí y allá, unos pocos audaces seguían sus códigos de vida y lograban gran belleza y dominio sobre sí mismos. Los grandes héroes de la antigüedad y de los tiempos modernos son los frutos de tal esfuerzo en procura de un ideal.

La piedra de toque de una nación que avanza es la unidad familiar. Construyamos nuestra nueva civilización sobre una piedra basal muy preparada.

II

EL MATRIMONIO

Era costumbre que, antes del matrimonio propiamente dicho, la joven pareja estuviera comprometida por lo menos durante tres o cuatro meses, a fin de efectuar los preparativos necesarios para el casamiento y llegar a conocerse mejor mutuamente. Si sobrevenía alguna discrepancia, la pareja debía tratar de resolverla del mejor modo posible o disolver el compromiso. Así se evitaban muchos problemas futuros, pero también se creaban muchos problemas nuevos.

Amiga de nuestra familia era una muchacha que, al perder a sus progenitores siendo niña, vivía con sus padres adoptivos, que eran honrados –se dedicaban a la jardinería– pero carecían de fortuna.

La muchacha era de una belleza fuera de lo común y muy atractiva. Pero luego de comprometerse, solía romper el compromiso. Esto ocurrió varias veces, en cada ocasión con un muchacho distinto. La muchacha, que era maestra de una escuela primaria, acudió un día a ver a mi Madre en busca de consejo. Ambas deliberaron en mi cuarto porque yo estaba enfermo y mi Madre no quería dejarme solo.

Mi Madre respetaba muchísimo a la muchacha, y habló con ella muy amorosamente, recalcando las palabras para que ella entendiera:

«Yo te diría que no uses tu belleza y tu encanto para herir a los muchachos. Estos pueden resultar muy heridos si coqueteas con ellos como si los amaras, cuando en realidad no es ese tu propósito. Se trata de un juego peligrosísimo que puede acarrearte algún sufrimiento kármico, aunque verbalmente no te ataquen. Si hicieras promesas verbales a un muchacho de manera que éste estuviera realmente prendado de ti, pero luego, por alguna razón, él no te interesara más, entonces deberás ser honrada con él y expresarle la razón real de por qué no quieres más estrechar relaciones con él. Jamás te escudes en mentiras.

»No le hagas creer al muchacho que estuvo mal, o que estuvo estupendo pero que tus problemas personales te indujeron a separarte. Manifiesta tus verdaderas razones y ten firmeza; no seas cambiante. Si no conoces tus razones, examínate y averígualo. Antes de cualquier compromiso, piénsalo seriamente, o tu reputación resultará lesionada, y nadie se atreverá a proponerte matrimonio.

»Lo peor es idealizar tu decisión. No debes decir que no quieres casarte porque quieres ahorrar tiempo y energía, o quieres estudiar, mientras en tu mente tienes razones diferentes.

»Te comprometiste tres veces, y en cada ocasión tuviste misteriosas razones para tus rompimientos. No sé por qué no pudiste decidirte antes de comprometerte, pues disponías de mucha información.

«Como te dije, te has entregado a un juego peligroso, y tarde o temprano arruinarás con él tu reputación.

»Cuando la gente se ama, entrega su corazón para ser cuidado. Y el corazón es el tesoro más precioso. Debemos ser muy cuidadosas al atesorar un corazón... No ames a la ligera. Tómate tu tiempo. Sin un profundo sentido de responsabilidad, no aceptes un corazón que te brinden. Un corazón no es objeto que puedas tomar y arrojar en un rincón.

»Cuídate de no estimular a un joven a que te dé su corazón, pues el corazón se convierte en un caballo salvaje si se lo engaña, se lo rechaza o no se lo maneja con cuidado. A algunas muchachas les gusta coquetear, pero los muchachos esto lo encaran con seriedad y usan su imaginación para traducir el coqueteo de las muchachas en sentimientos, contactos, matrimonios, hijos, placeres, etc.

»Una vez que tú pones en marcha semejante accionar en las mentes de ellos mediante tus modales, vestidos o expresiones descuidados, ellos desarrollan ciertas emociones en sus corazones, y estas emociones ansían satisfacerse. Si no se las satisface, a veces los muchachos se vuelven hacia la violencia o el delito, o caen en la inercia, la depresión o modos artificiales de agotamiento.

» Por supuesto, lo mismo ocurre con las muchachas, si los muchachos no vigilan el modo con que se relacionan con ellas.

»La muchacha no mantenerse distante, pero deberá usar uno de sus mecanismos secretos que se llama el «medidor de distancia». Con éste podrá siempre averiguar si está demasiado cerca de un mu chacho sin razón alguna para ello, o si el muchacho se le está acercando demasiado, sin invitación consciente.

»La belleza de una mujer es el control consciente que ésta tiene sobre las emociones del hombre».

Más tarde, mi Madre averiguó que esta muchacha tenía mucho miedo al sexo. Le aconsejó que fuera a ver a una anciana que era una gran «psicoanalista», aunque sin haberse jamás diplomado en facultad alguna.

Por desgracia, no tuve ocasión de averiguar cómo resolvieron el problema. Tampoco pude conseguir que mi Madre me revelara secreto alguno. Siempre que le preguntaba por aquella muchacha, solía decirme: «Preocúpate sólo de tus cosas».

Llegado el tiempo, aquella muchacha se casó y tuvo una familia muy feliz.

Una vez que los padres terminaban de investigar y aprobaban a ambos jóvenes, éstos se comprometían y se ponían en marcha los preparativos para el matrimonio.

Antes de la ceremonia matrimonial, los jóvenes repasaban el curso sobre el casamiento y sus principales deberes. En este curso, el maestro solía subrayar la actitud ideal de una mujer y de un hombre hacia el sexo y el embarazo. Se les decía que matrimonio no significa relación sexual y sexo, sino la incorporación de una sacratísima amistad en almas avanzadas, proporcionándoles los mejores medios físicos, emocionales y mentales, y la elevación de estas almas de modo tal que sean sanas en lo físico, en lo emocional y en lo mental.

En el matrimonio, la unidad familiar deberá crecer, desarrollarse y avanzar espiritualmente. Una familia proporciona las mejores condiciones para aprender las lecciones de la vida, si es que corre por la senda correcta. Asimismo, el maestro suele explicar que el matrimonio terreno es el símbolo de la unidad de los Guías Interiores. Llámase Guías Interiores a los Ángeles Guardianes de la pareja. Estos Guías Interiores pasan a través de un matrimonio celestial cuando las almas que Ellos guían tienen un matrimonio correcto. Es por esta razón que deberá tenerse cuidado de no tolerar que ningún intruso cause separación en la pareja.

Otro elemento que se recalcaba era el culto diario y un planificado procedimiento de meditación.

Por lo general, el casamiento actual es un contrato entre dos personas, el cual les otorga un permiso oficial para tener relaciones sexuales entre sí, para tener hijos legítimos y derechos legales respecto de los bienes de cada uno.

Pero el matrimonio *real* va más allá de los intereses puramente físicos. Es una fusión de la naturaleza emocional del hombre y de la mujer. Es una sincronización o una armonización del plano mental y una fusión de las dos almas en un solo ritmo.

El matrimonio real exige preparación inteligente y disposición plena respecto de sus obligaciones. En la actualidad, lo que se recalca es la reacción física, con alguna cooperación emocional y mental. En el futuro, cada vez más personas comprenderán que el deber supremo del matrimonio es el mutuo auxilio de modo tal que el Yo divino que está dentro de cada uno encuentre oportunidades para manifestarse poco a poco. Este es el deber real de la pareja casada: cómo vivir, cómo relacionarse con su cónyuge para que la belleza oculta, el divino Yo oculto en ellos empiece a manifestar Su hermosura y Su gloria.

En el futuro, las parejas casadas cumplirán una instrucción especial para ayudarse mutuamente, irradiando lo más excelso que hay dentro de ellas. En una ocasión, vi una obra en la que un hombre y una mujer procuraban trepar a un árbol enorme, al tiempo que cada cual actuaba, alternadamente, como un puente y un escalador. Este era un gran símbolo que mostraba que el hombre y la mujer serán, alternadamente, el puente y el viajero. Esto puede hacerse en un matrimonio si éste no gira en torno del sexo, y si la pareja trata de crear una integración, una unificación, y, a su tiempo, una gran fusión.

En la literatura mística, al Alma se la simboliza como la novia con la que el novio va a unirse. Este es un gran símbolo que nos enseña que, a menos que la pareja se encuentre mutuamente en el nivel de la mente superior o de la intuición, no se alcanza la unidad verdadera.

Es rarísimo alcanzar semejante unidad consciente con nuestra propia Alma. También es raro tener una unión consciente con nuestro cónyuge en el nivel del Alma, pero no hay un matrimonio real a menos que también nos casemos en el nivel del Alma. Este es el «cimiento de roca» al que se refirió Cristo al hablar de dos hombres, uno de los cuales construyó su casa sobre arena y el otro sobre roca. Quien construyó su casa sobre arena la perdió cuando llegaron la marea y los vientos psicológico y físico y golpearon a la casa. Pero la otra no se movió, a pesar de todos los desastres físicos y psicológicos. Muchos matrimonios están construidos sobre arena, y no resisten. Algunos matrimonios, no comunes, están construidos sobre roca, y resisten siempre, a pesar de todas las tribulaciones.

Para construir semejante cimiento, la pareja deberá tener un proyecto de servicio. Esta es clave importantísima para un gran logro. Aparte de cuánto puedan realizar individualmente en cualquier campo del servicio, deberán tener una meta en la que, juntos, unan sus corazones y almas: un gran proyecto humanitario o global que suscite un desafío mayor en cada uno de ellos, una meta en la que pongan la sangre de sus corazones.

La integración y la fusión de la pareja serán tan elevadas como su meta y su consagración a esa meta. No hay otro modo de suscitar lo excelso en ambos y de que ambos concuerden en planos de integración cada vez más elevados.

Luego, para realizar una fusión mayor en la familia, a los niños deberá exigírseles que contribuyan a la meta común. Tal familia será una casa construida sobre la «roca de los siglos».

Con respecto al sexo

En el matrimonio deberá coincidirse mutuamente en la disciplina física:

- Respecto al sexo.
- Respecto de obligaciones diversas.
- Respecto de contactos diversos.

El sexo no deberá ser una mutua imposición, sino que, por mutuo acuerdo, deberá decidirse el contacto cíclico y disponerse los días apropiados. El sexo debe ser cíclico.

En el acto sexual hay muchos secretos que no podemos aprenderlos de nuestros libros de texto.

Los maestros me dijeron que el hombre da energía y ciertas secreciones a la mujer en el momento de la unión sexual. La mujer recibe estas secreciones y esta energía, las multiplica en su órgano y en el sistema psíquico y las devuelve al hombre como alegría y vitalidad. Cuando la alegría y la vitalidad llegan al hombre, éste inicia su orgasmo y con su orgasmo toda su aura y todos sus centros etéricos se funden con el aura y los centros etéricos de la mujer, formando un embudo electromagnético para la recepción del cordón de la vida de quien está listo para encarnar.

De esta manera, la excitación que el hombre induce en la naturaleza de la mujer vuelve a él como una energía de amor que posee un efecto elevador y curativo.

En la relación sexual normal, la electricidad positiva y negativa se combinan con el cuerpo del hombre y la mujer, produciendo una llama que causa sublimación y transmutación en ambas partes. Esta llama nutre al sistema nervioso, purifica los elementos negativos reunidos dentro del cuerpo etérico, y abre los bloqueados canales pránicos si se produce con espíritu elevado, con finalidad y sin estimulantes artificiales.

[...]

La energía creadora, en la relación sexual natural, semeja olas que penetran en los cuerpos emocional, mental y espiritual e iluminan en ellos a los átomos creativos.

Tal hombre y tal mujer experimentan impulsos y tendencias creativos y demuestran creatividad en su labor diaria y en sus deberes cotidianos, lo mismo que en sus esfuerzos creadores.

La llama que se produce en la relación sexual natural protege también contra ciertas enfermedades y microbios. Pero el resultado más importante que la relación sexual natural produce es que el hombre y la mujer alcanzan una plenitud. Como, por ejemplo, en el caso de una batería de un auto, el cable positivo jamás hará que la batería trabaje hasta que haga tierra por completo. Tal plenitud se convierte en un impulso al manifestar al yo pleno. Es así como se pone en marcha la realización personal.

En la relación sexual normal, el hombre y la mujer disfrutan de su ser; disfrutan contrastándose con el sexo opuesto.

[...]

La relación sexual entre un hombre y una mujer no debe limitarse solamente al acto físico, sino que esa relación deberá continuar en los niveles emocional, mental y espiritual.

En todas las relaciones entre hombre y mujer, todas las formas de actividad son como fases de relación sexual, con resultados creativos en varios niveles.

En algunos lugares del Asia, al matrimonio o al amor real se los simbolizaba con la fusión de dos llamas. Se atraía la atención sobre el hecho de la fusión de las dos llamas y sobre el hecho de que ambas se convierten en una sola.

A la relación sexual se la consideraba como el comienzo de la fusión de las dos llamas. Pero esta llama no puede seguir existiendo si los fuegos emocional, mental y espiritual del hombre y de la mujer no están alimentándose continuamente.

Cada vez que un hombre tiene una relación sexual, paga un alto precio por ella usando las joyas preparadas por su glándula maestra. Uno de mis maestros me dijo una vez que el hombre usa una cucharada de sangre para preparar el esperma de una relación sexual. Si tal gasto no tiene la recompensa de crear una fusión con la mujer, se la consideraría un desperdicio total para el hombre.

En algunos grupos en los que se consagraban a aventurarse en lo espiritual, a la relación sexual se la consideraba un sacrificio. En una ocasión, oí cuando una mujer le hablaba así a su marido: «Si te sacrificaras, dándome un hijo...».

En esa pequeña comunidad, la gente se casaba para trabajar en pos de algún proyecto espiritual y solía tener un solo hijo, o ninguno, consagrándose al servicio y a las artes creativas.

Jamás en mi vida vi gente tan bella, sabia, atractiva, fuerte y con influencia de liderazgo. Me dijeron que esas personas jamás tenían relaciones sexuales, salvo cuando querían un hijo.

Una vez le pregunté a mi Padre: «¿Cómo es que estas personas pueden controlar sus deseos e impulsos sexuales?

«Con una técnica que se llama ‹técnica de sublimación›», me respondió. «En esta técnica, aprenden a retirar su consciencia o su atención de sus órganos sexuales hacia su cabeza, y a concentrarla en alguna gran visión, en algún gran proyecto de servicio».

Le pregunté: «¿El amor de esas personas entre sí aumenta si no tienen relaciones cíclicamente?».

«La gente cree que el acto sexual es amor, y es cierto. Pero si lo gastas neciamente, tienes menos amor.

Observa cuánto me amas, cuánto amas a tu Madre y a tus hermanas, y cuánto amas a tus amigos. Algunas personas sólo usan sus órganos sexuales para comunicarse entre sí; no buscan otros medios de un contacto más profundo. Es posible amar mediante los corazones, las almas, las mentes, el Yo recóndito. Una vez que experimentamos semejantes amores mayores, dejamos que los órganos sexuales cumplan sólo el trabajo para el que están predestinados. Pero la gente comprenderá tales hechos cuando oiga el llamado de un gran sacrificio».

En esta comunidad, tanto la familia de la muchacha como la del muchacho anhelaban construir una llama que se convirtiese en antorcha en generaciones futuras.

En otra ocasión, le pregunté a mi Padre: «¿Cuáles son las verdaderas características del hombre real?»

«Hay muchas», me contestó, «pero las fundamentales pueden citarse así»:

- Rectitud.
- Intrepidez.
- Liderazgo.
- Sinceridad.
- Agudeza intelectual.
- Nobleza.
- Creatividad.
- Magnanimidad.
- Sentido de la justicia.

Y añadió: «La mujer ama al hombre que tiene tales características. La mujer tiene una aguda sensibilidad para estas virtudes. Quiere lo mejor; el marido es su orgullo, su futuro, su objeto de culto. Quien desilusiona a su esposa, pierde la confianza y el amor de ésta. La naturaleza le dio una percepción superior de aquello que vale, para que, a través de su hijo, la raza humana evolucione hacia superiores modelos de realización.

Si la mujer no tuviera una aguda percepción de lo que vale, hace tiempo que la vida habría degenerado. Es por eso que decimos que cuando la mujer pierde su percepción de lo que vale, la nación degenera».

Había una sesión de asesoramiento para las parejas casadas, que por lo común comenzaba seis meses después de que contraían enlace. Este asesoramiento tenía el siguiente ordenamiento:

La pareja se sentaba en silencio en una habitación con tres personas mayores: un hombre y dos mujeres. La pareja solía tratar de contestar en silencio a las siguientes preguntas que se le formulaban en la puerta:

- ¿Cómo podrán ustedes aumentar la alegría en su hogar?
- ¿Tienen algunas quejas?
- ¿Cuánto aprecias a tu cónyuge?

Luego de media hora, el caballero mayor solía preguntar si había algo sobre lo cual la pareja deseaba cambiar opiniones. En caso afirmativo, se iniciaba el cambio de ideas, y ambos cónyuges confrontaban lo suyo si juzgaban que era necesario hacerlo. Si es que las había, se escuchaban las quejas y apreciaciones de ambos lados.

Si se habían discutido problemas, una de las personas mayores preguntaba entonces a la pareja si ésta había tratado de algún modo de resolver los problemas que habían declarado tener. A los cónyuges se los ayudaba y animaba a encontrar sus propias soluciones, en vez de recibir consejo.

Al final de la sesión, una de las personas mayores impartía a la pareja algún conocimiento más profundo de las bondades del matrimonio y luego, bendiciéndola, aquélla se marchaba.

Tal procedimiento era cíclico: cada seis meses por tres años, luego cada año por diez años. Después de eso, se realizaba cada tres años.

Tal ayuda solía mantener al matrimonio en un elevado nivel e inspirar y animar a la joven pareja a resolver sus problemas y esforzarse en una cooperación y una felicidad mayores.

Mi Madre me decía que las tres personas mayores jamás aconsejaban o criticaban a la pareja, sino que sólo la ayudaban a ver las salidas y a confrontarlas. Así, la pareja tenía posibilidad de revisar con inteligencia el modo en que su matrimonio marchaba y en el que debería marchar.

Las personas mayores solían animar a la pareja a que confrontasen lo suyo, pero antes de esa confrontación, había una ceremonia que se le enseñaba a la pareja a realizar. Primero, se sentaban en habitaciones separadas, y rezaban para que una y otra parte vieran la verdad y oraban para que Dios ayudase a cada uno a que obedeciera a la verdad. Luego, cada uno encendía un cirio y salían a intercambiarlos entre sí. Después, se sentaban a conversar bajo la luz de esos cirios.

A mi hermana casada la interrogué sobre esta ceremonia de los cirios, y me dijo: «Bajo la luz del cirio, la gente ve la realidad». Luego, sonrió.

«¿Qué tiene que ver el cirio con lo que nosotros entendamos?», le pregunté.

«Eso es complicado», me replicó.

«Hermana mía, por favor…».

«Bueno, el cirio incendia a la irrealidad que envuelve a la verdad, como lo son muchas motivaciones egoístas, emociones y pensamientos estúpidos, y hace que converses sobre la realidad fundamental, sobre los hechos…».

«¿Cómo hace eso?», insistí.

«¡Si me haces más preguntas, te dejaré solo!».

Recuerdo que me abalancé sobre ella y la abracé diciéndole:

«Hermana mía, por favor».

«Bueno, pero no debes decírselo a la gente, que se reiría de ti».

«Te lo prometo».

«El cirio atrae siempre ardientes chispas del espacio y purifica la atmósfera de la habitación… En ocasiones, ígneas entidades entran para iluminar nuestra consciencia, si somos sinceros y honrados en nuestras motivaciones».

Después de esa conversación, yo solía tener un cirio de cera pura en mi habitación. Siempre que lo encendía, me sentía más alegre y más atraído hacia los valores espirituales.

Abstinencia total en la época del período femenino. Los antiguos sugerían que la duración del período femenino se contaba como tres días antes de aquél, los días de su período real, y los tres días que seguían al término del período de la mujer.

Si se observan estas normas, podrán evitarse muchos trastornos y complicaciones en la familia.

La mujer, durante su período, no debe dormir en el mismo lecho que su marido, y antes de dormirse deberá mantener ocupada su mente con literatura que la eleve. Esto la ayudará a mantener a su mente enfocada en planos superiores.

Los antiguos consideraban que estaba mal el contacto físico de cualquier tipo o forma con una mujer durante su período. Creían que cuando la mujer está así, entidades astrales o influencias psíquicas de naturaleza dudosa procuran apoderarse de ella. Asimismo, durante su período, la mujer experimenta cambios y trastornos psicológicos, y con frecuencia es en estos ciclos cuando asume o toma decisiones equivocadas. Estos trastornos psíquicos aumentan cuando le imponen alguna tensión o le exigen alguna cosa pesada. Por estas razones, el esposo ha de dejarla tranquila sin crearle presiones, sin ponerla nerviosa con sus demandas ni discutir asuntos que la alteren o incomoden.

En la antigüedad, cuando la mujer estaba con el período, se le brindaba sosiego y relajamiento al aire libre, con música y lecturas bellas.

Una actitud solemne por parte de ambos cónyuges ahorra muchas tensiones.

En la época de cada Luna Llena –dos días antes de ésta, el día de la Luna Llena, y hasta dos días después de ésta– no se permitía la relación sexual. Estas eran las razones para ello:

1. Estos cinco días deben consagrarse al desarrollo espiritual, a la meditación, a la oración y a una intensa aspiración en procura de elevados ideales;
2. Durante estos días, es posible entrar en contacto con nuestro yo transpersonal y aportar mayores energías creadoras al mundo;

3. La luz de la Luna Llena puede estimular deseos e impulsos inferiores y perturbar heridas psíquicas en nuestra naturaleza. Necesitamos energía, poder de voluntad y esfuerzo para eludir semejantes ataques psíquicos y psicológicos.
4. En las épocas de Luna Llena, el Sol libera grandes cantidades de energía hacia el planeta. Esta energía debe usarse para una creatividad superior, o dinamizará las «malas hierbas» de nuestra naturaleza.
5. Los contactos sexuales durante estos cinco días reducen la sensibilidad del cuerpo etérico y mental hacia las impresiones superiores provenientes de las fuentes conscientes; y
6. Asimismo, es una gran disciplina para esposa y esposo el que se relacionen en planos superiores a los niveles sexuales.
7. Por supuesto, también se evitaba, durante esta época, la ingestión de comidas pesadas.

El sexo oral estaba estrictamente prohibido. Las razones para esto eran las siguientes:

1. Muchos gérmenes que no afectarán ni causarán problemas graves a la pareja al pasar por los órganos sexuales de uno a otro cónyuge, ciertamente, afectarán gravemente a la pareja si lo realizan por la boca, pues los gérmenes podrán esparcirse hacia los pulmones, los oídos y los ojos, y también hacia el sistema digestivo. Recordemos que los órganos sexuales son órganos de eliminación, y que la orina y varias otras secreciones pueden contener numerosos gérmenes.

2. Esotéricamente, el centro de la garganta es la contraparte superior del centro sexual, y hay una gran relación entre las glándulas y los centros. El centro de la garganta es mucho más avanzado que el centro sacro, tiene una frecuencia vibratoria mucho más elevada. La esfera tosca y burda del centro sexual puede retardar al centro de la garganta e interferir con sus complicados deberes, y de esta manera desarrollar trastornos orgánicos. Por otro lado, el centro de la garganta muy desarrollado puede causar una gran estimulación en el centro sacro y en los órganos sexuales y causar en ellos muchas enfermedades. Esto se parece a ajustar dos engranajes de distintas velocidades o inflar un globo más allá de su capacidad.

   Las complicaciones que se concentran en los centros del sexo y de la garganta afectan nuestra vida emocional e intelectual, y, a menudo, nos inducen depresión e inercia.
3. El sexo oral sobreestimula a los órganos, y éstos, a su vez, causan más orgasmos de los que el cuerpo puede soportar y más de lo que el cuerpo es capaz de producir continuamente. Largos años de semejante práctica privan a una persona de preciosa energía que se reflejará en sus actividades físicas, emocionales y mentales.

   A muchos hombres les gusta el sexo oral porque perdieron la sensibilidad de su órgano. En sus mentes se les descompusieron algunos fusibles, y para hacer que sus cerebros registren el goce sexual, buscan sensaciones excesivas a través de la relación sexual oral. Esta es una clara señal de que al hombre le falta potencia o muy pronto la perderá por completo.

4. El modo natural de la relación sexual proporciona una manera de profundizar el amor y el respeto, y de aumentar el magnetismo y la energía. El hombre carga a la mujer con energía etérica, y la mujer le da energía emocional.

   Cuando se realiza la relación sexual oral, el plexo solar y el triángulo de la energía etérica se acumulan en estos centros sin hallar un modo de afluir uno en el otro. Esto, a su tiempo, acarrea graves problemas a la pareja.
5. Muchos hombres y mujeres que solían practicar la relación sexual oral, de repente se apartaron de ella durante años por completo. Dijeron que odiaban el sexo. Tal apartamiento es el resultado de los olores y el gusto corrompido que a menudo experimentan el hombre y la mujer que practican la relación sexual oral. Eso pone fin a su interés sexual, que queda en ellos como una inhibición.
6. Si uno de los cónyuges no gusta de la relación sexual oral y es obligado o convencido para hacerlo en bien de la armonía marital, la amistad u otras consideraciones, pierde el respeto de su cónyuge; tal sentimiento a su tiempo se convierte en indiferencia o en sentimiento de odio hacia el cónyuge.

La degeneración da una familia o una nación se pone en marcha con la relación sexual oral y otras prácticas inhumanas.

El contacto sexual con hombres o mujeres que no sean los cónyuges se consideraba no sólo un acto feo sino también una ruptura del vínculo magnético entre ambos cónyuges. Una pareja casada construye a su tiempo un cordón magnético que primero se extiende desde un centro sexual hacia el centro sexual del otro; luego se conecta con el centro del plexo solar de la pareja; después, se eleva hacia los centros del corazón y, a su tiempo, hasta sus cálices.

Estos cordones magnéticos se rompen si se viola la lealtad. A veces nunca se reconstruyen y los cordones, como ramas quebradas, filtran energía o, en algunos casos, las fuerzas oscuras los usan para estimular los centros inferiores y atacar a los centros superiores de la pareja.

El vínculo se mantiene íntegro incluso hasta la hora de la muerte. Es con tan evolucionada fusión que una pareja se encuentra una vida tras otra, ayudándose en la evolución y alcanzado juntos los niveles superiores de realización.

Durante el matrimonio, debemos tratar de ejercitar una elevadísima lealtad a través del cuerpo físico, las emociones y la mente, y nunca permitir que un intruso corte el vínculo. Algunos países de Asia expulsan al hombre o a la mujer que sedujo a un marido o a una esposa y de esta manera causó una separación en la familia. Cristo recalcó vigorosamente que nadie debía atreverse a romper un matrimonio.

Hay ciertas excepciones en las que un matrimonio puede ser disuelto, como cuando éste es sólo una atadura formal. Bajo semejantes premisas falsas no podrá continuar. O después de morir un cónyuge, el que sobrevive podría decidir volver a casarse si realmente no se construyó el vínculo entre el cónyuge anterior, y si tuviera la seguridad de que podría construir una unión mejor. Luego de un divorcio, el nuevo matrimonio era a menudo muy duro, con muchos problemas y complicaciones. Pero en algunos casos, se solía encontrar un cónyuge mejor.

Respecto de varias obligaciones

La mutua comprensión de las diversas actividades y obligaciones del hogar ayudaban al crecimiento de la familia. Por ejemplo, mientras la Madre da el pecho al bebé, el Padre cocina o lava los platos. El trabajo ha de ser compartido. Los antiguos creían que esto crea intimidad y expansión entre la pareja. Tal vez el esposo esté cansado y haya traído a la casa algún trabajo que tiene que realizar. Entonces, si la esposa puede, le ayudará con sus quehaceres, o los asumirá en ese lapso. O cuando la Madre está cansadísima por haber cocinado, limpiado y atendido a los hijos todo el día, es deber del Padre ayudarla y aliviarla. Es importantísimo que compartan y experimenten las tareas de uno y otro en el hogar, porque entre ellos han de dividirse el trabajo.

Cuando cada uno en la familia realiza alternadamente ciertas tareas, se desarrolla un sentido de responsabilidad. Por ejemplo, los hijos (de ambos sexos) deben participar en las tareas hogareñas, la limpieza, la jardinería, las reparaciones, la pintura, etc. Pero lo importante es que todos deben sentarse juntos y preparar el programa de trabajo sin excluir a nadie. Cada uno deberá sentir que tiene que aportar su parte en la vida de la familia, y realizarla con alegría, considerándola un privilegio. Los hijos, así educados en una familia tendrán mayores logros en la vida exterior.

Por supuesto, se formularán excusas, pero habrá de existir una razón real para no cumplir con una obligación y que lo haga otro. Con frecuencia, la familia tendrá que reunirse para discutir la eficiencia del trabajo realizado y, si es necesario, decidir así cómo mejorar ciertas áreas.

Respecto de varios contactos

En una familia ideal, ciertos viejos contactos deberán interrumpirse, y habrán de establecerse contactos nuevos. Los buenos contactos ayudan a la integración familiar. Si algún contacto crea dudas, secretos y recelos, entonces deberá eludirse o interrumpirse.

Por ejemplo, una familia ideal evitará a las personas que llevan y traen chismes acerca de los demás o formulan desagradables observaciones sobre la familia. Recuerdo que mi Madre, a una mujer que le llevaba chismes, le dijo que no podía tenerla más como amiga porque no le interesaba enterarse de la vida privada de los demás. Aquella mujer se marchó enfadada, y yo dije: « Mamá, realmente se puso como loca...» Mi Madre me contestó: «A veces es importante tomar una acción decisiva para impedir complicaciones futuras».

En varios lugares del Asia, un hombre no puede llevar a su casa invitado alguno que no tenga buena fama o esté relacionado con personas dudosas. Lo más importante que una familia quiere conocer acerca de un visitante es: «¿Cuál es el motivo?» Las buenas familias tienen un círculo de amigos con los que cenan, tienen fiestas, veladas, etc. Solían decir que lo más precioso era un amigo, pero debía ser un amigo comprobado. Había otra sentencia: « Dime con quién andas y te diré quién eres».

Matrimonio y celibato

El matrimonio y el celibato se enfocaban del siguiente modo:

Si la persona está realmente adelantada, si domina sus deseos e impulsos sexuales y se consagra a un sacrificado servicio, podrá permanecer soltera para brindar toda su atención y energía a la tarea que tiene por delante.

Para quienes no alcanzaron tal dominio, lo mejor es que se casen, críen sus hijos y sean un Padre o una Madre buenos y responsables. Los antiguos decían que una familia es una unidad sagrada, la máxima escuela del alma, y un gran campo de batalla en el que podemos disolver nuestras obligaciones pasadas y librarnos de su karma.

Los antiguos creían también que quienes habían perdido a su esposa o esposo y habían terminado sus obligaciones con sus hijos debían retirarse del mundo y pensar en la salvación de sus almas o penetrar en el destino de la vida eterna. Muchas de esas personas consagraban su vida a servir a su país o se retiraban a monasterios, conventos o montañas para continuar un arduo sendero espiritual.

También estaban los que, por razones de salud o retraso mental, no querían casarse, pero trabajaban en la sociedad en diferentes campos según sus aptitudes.

A los que podían casarse y criar hijos, pero no lo hacían por falta de moral o continuo deseo de aumentar sus placeres cambiando de relaciones, se los consideraba peligrosos para la sociedad. A tales personas se las llamaba «veletas que giraban en toda dirección según soplaba el viento».

En las comunidades antiguas, los solteros eran los monjes, que vivían en monasterios y sólo aparecían en público para entregar un mensaje. En los monasterios se dedicaban a la pesada labor de la meditación, escribían libros, traducían, o copiaban escritos de los textos. A los sacerdotes que vivían en las comunidades, debido a su continuo contacto con la sociedad, se les permitía casarse.

Había personas que solían vivir juntas como marido y mujer sin matrimonio religioso o legal. Pero si vivían continuamente durante cinco años, las autoridades les consideraban parejas casadas. Asimismo, si de tal relación tenían un hijo, se les consideraba casados, y se presionaba pesadamente sobre el hombre para que afrontara sus deberes para con el recién nacido y la Madre.

Quienes descuidaban sus deberes, habitualmente escapaban y se ocultaban en grandes ciudades u otros países.

La vida era dura, pero se la aceptaba como una vida normal. Apenas había divorcios; la salud era magnífica, el delito, raro. Los estimulantes artificiales eran casi inexistentes y la pornografía era un pecado mortal.

Un día, cuando yo partía de una de estas comunidades, hablé con uno de los grandes maestros derviches y le pedí su opinión sobre el sexo. Habló por lo menos una hora, y el resumen de su plática puede darse así:

«El sexo es uno de los dones divinos que Dios le dio al hombre. Debe usárselo como si fuera el último centavo que se tiene en el bolsillo. Esta es la energía que se usa como combustible en nuestro organismo para transformar, transmutar y transfigurar.

»Debe haber un período de total abstinencia, si se quiere realizar un sensacional avance en los misterios de la vida.

»Todos nuestros problemas matrimoniales y sexuales podrán resolverse sólo si la humanidad comprende cuán preciosa es la energía sexual y la usa para metas superiores.

»La mayor parte de nuestra excitación no es natural. Nos la imponen los pensamientos y las acciones de otras personas. Cuando se suprimen los estimulantes artificiales, naturalmente el hombre no quiere derrochar su energía.

»Esta generación sufrirá largo tiempo en las garras del atractivo sexual, pues el sexo que la humanidad exhibe en esta época se parece al de la época de la Atlántida en la que su mal uso estaba en su apogeo. Pero en unas pocas generaciones estas garras se aflojarán y se restablecerá el sexo normal.»

III

LA CEREMONIA MATRIMONIAL

La ceremonia matrimonial misma se considera importantísima y, en ella, la unión es consagrada verdaderamente. Esta ceremonia ha de repetirse cada año en la fecha del aniversario. Consagración significa que la unión es ofrendada a las metas reales del matrimonio, que consisten en ayudar al Plan Divino. Las metas del matrimonio pueden desarrollarse así:

1. Lograr la armonía física, emocional y mental.
2. Dar nacimiento a las almas.
3. Preparar para estas almas los mejores cuerpos y el mejor entorno posible, y ayudarlas a desarrollarse en lo físico, lo emocional, lo mental y lo espiritual.
4. Lograr la fusión del alma con la del cónyuge
5. Realizar un servicio creativo en favor de la humanidad.
6. Ayudarse uno al otro: para cultivar las virtudes de la gratitud, la tolerancia, la paciencia, el servicio sacrificado, el coraje, la alegría y la solemnidad.

7. Ayudarse uno a otro para recorrer la vida de modo victorioso.

Luego que los cónyuges comprenden estas metas y las discuten, deberán consagrar sus vidas a cumplirlas. Esta consagración sincera, solemne y consciente es la que construye la base de una familia consagrada.

La ceremonia matrimonial debe ser un ritual simbólico, que imprima en los cónyuges las siete metas del matrimonio de modo tal que en sus mentes permanezcan siempre los símbolos como recordatorios de sus sagradas obligaciones.

Las metas del matrimonio se simbolizarán con un «viaje» desde una puerta hasta un sitio consagrado de oración, meditación y veneración. Si la ceremonia tiene lugar al aire libre, es fácil simbolizar a esa «puerta» con dos columnas, palos o rocas, y al sitio consagrado con una Sagrada Escritura, cruz o estrella de cinco puntas. La distancia desde la puerta hasta el sitio consagrado es la distancia entre el nacimiento y la muerte durante la cual la pareja vivirá junta y tratará de cumplir sus deberes sagrados.

Es en este viaje que el ministro oficiante y su asistente los acompañará como los símbolos de las almas y personalidades de la pareja, conduciéndolos con seguridad hacia el cumplimiento de sus deberes. Este viaje se dividirá en siete etapas.

En la primera etapa, la pareja celebrará una ceremonia que simbolizará su integración física, emocional, mental y espiritual. Esta ceremonia se celebrará siempre en todas las otras etapas como nota clave del matrimonio para demostrar que esta integración se logra progresiva, firmemente, y de modo muy gradual, a lo largo del viaje del matrimonio.

A. La primera etapa es muy sencilla. Luego que la pareja traspone la puerta, camina unos pocos metros, luego se separa y voltea hacia el otro cónyuge: sonríe; toma la mano del otro; se tocan los pies; se abrazan de modo que sus corazones estén más próximos; luego, la novia alcanzará un hilo azul con el que el novio hará un círculo alrededor de sus cinturas y lo atará.

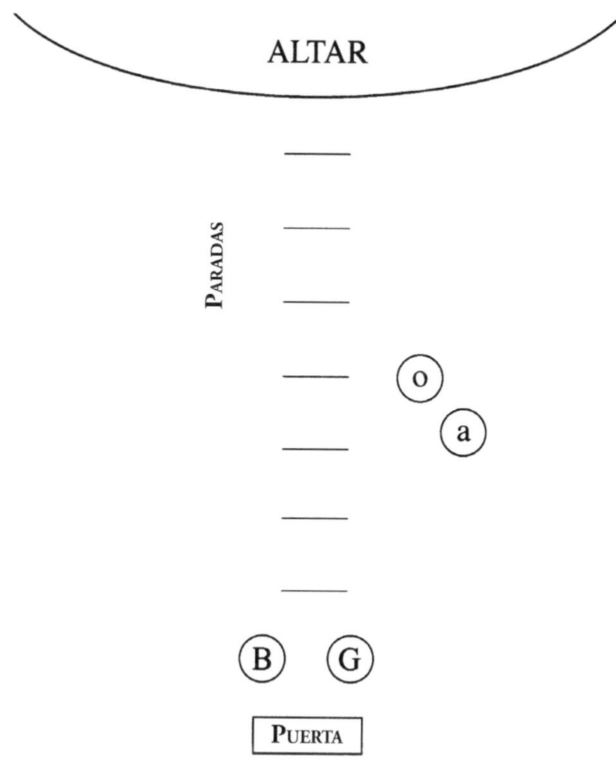

Diagrama A, Parada 1

Cada una de estas acciones se cumplirá luego que el sacerdote u oficiante recite una palabra de poder. Dirá:

1. «*En el nombre de la Belleza, contemplad la belleza que brilla dentro del alma de uno y otro*».
2. «*En el nombre de Quien es el Uno en toda la manifestación, que vuestras manos se unan y os den el sentimiento de unidad*».
3. «*En el nombre de la Meta Suprema, que vuestros pies tomen contacto con el camino de la evolución y lo recorran*».
4. «*En el nombre de la Bondad, que vuestros corazones tomen contacto y afluya el amor que alimentará al jardín de la vida*».
5. «*En el nombre del Sacrificio, que vuestra vida se una para que caminéis juntos, y que ninguna fuerza sea capaz de romper la atadura*».

Entonces, el oficiante encenderá el cirio de su asistente y le ordenará que conduzca a la pareja hacia la siguiente etapa. La pareja caminará, dando pasos a la par, y sosteniéndose ambos por la cintura.

B. En la segunda parada o etapa, se celebrará la misma ceremonia. Luego de concluida, un niño (o una niña) les traerá dos rosas. Antes de darles las rosas, el niño pondrá cada rosa sobre su corazón y luego dará la primera a la novia y la segunda al novio. Luego, el niño se mantendrá a unos cincuenta centímetros de distancia de la pareja, y el asistente extenderá entonces el círculo de hilo alrededor de la pareja hasta incluir al niño. Esto se hará con la palabra de poder del oficiante que dirá:

«En el nombre del servicio, que esta alma sea incluida en el viaje, para que se abra como las rosas que él *ofreció a los que viajan por el sendero».*

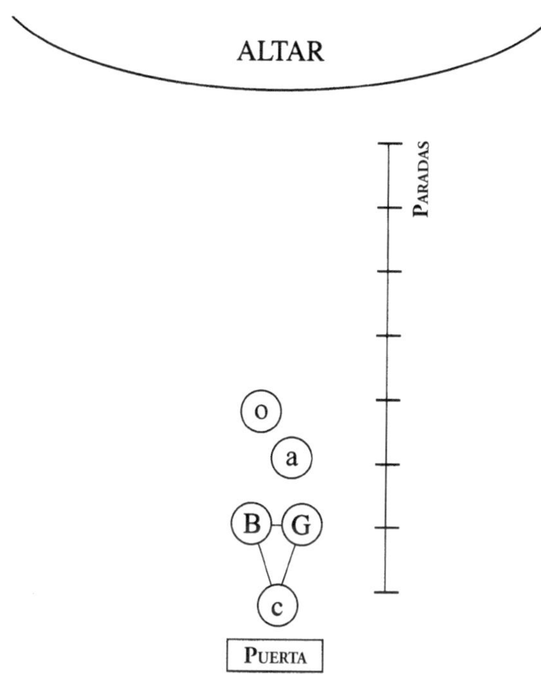

Diagrama B, Parada 2

C. Luego, iniciarán el viaje hacia la tercera etapa, mientras se tocará música solemne del templo. En esta parada, se detendrán y celebrarán la primera ceremonia nuevamente, y el ministro dirá:

«En el nombre de la sagrada labor, explicad al niño vuestras intenciones».

El asistente dará su vela al niño. Entonces, la novia y el novio tomarán juntos al niño, lo alzarán sobre sus cabezas, luego lo bajarán y lo besarán en la frente.

Entonces, la configuración cambiará. El niño tomará el cirio conduciendo a la novia y al novio.

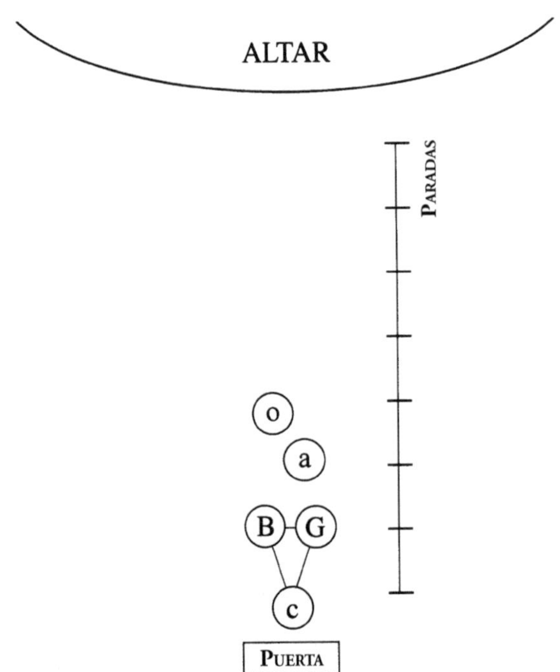

Diagrama C, Parada 3

D. El siguiente viaje empezará de nuevo con música. En la cuarta etapa o parada, la pareja se detendrá y repetirá la primera ceremonia. Entonces, el niño enfrentará al «altar». La novia y el novio se enfrentarán. El asistente tomará una cruz y tocará las cabezas de la novia y del novio con ella, mientras al mismo tiempo la novia y el novio tocarán sus frentes, sosteniéndose las manos. El ministro dirá entonces:

«*En el nombre de la sagrada corona, consagrad vuestras almas uno al otro hasta que se logre la unidad y la fusión. Esta fusión se acelera con el Fuego sagrado de la cruz que simboliza el olvido de uno mismo. La mano vertical es el Yo que está dentro de vosotros; la mano horizontal es el olvido; permitidme ahora invocar el poder de la sagrada corona: ‹Señor mío, que Tu fuego, el atanor de la alquimia, en el que estas dos almas se funden entre sí, tenga de esta manera la primera experiencia de unidad dentro de Ti›.*»

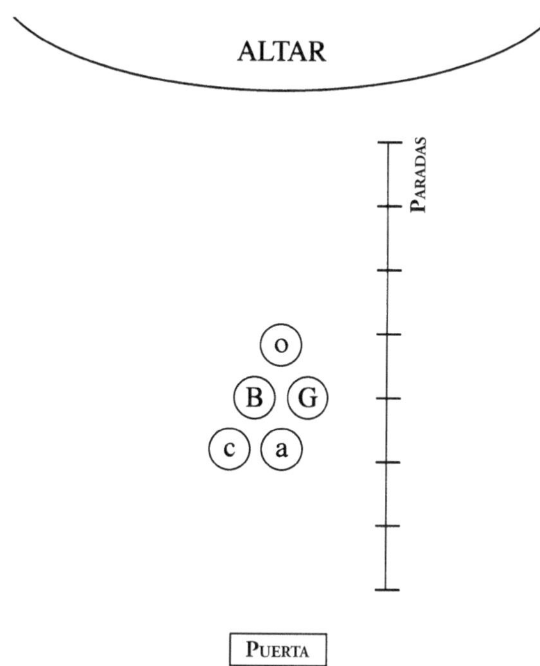

Diagrama D, Parada 4

Comienza la música, y los cónyuges permanecen de pie uno junto al otro; el asistente está detrás de ellos y todos enfrentan al altar.

E. Comenzará el viaje hacia la siguiente parada. En ésta, la pareja se detendrá y celebrará nuevamente la primera ceremonia. El niño y el asistente enfrentarán el altar y el ministro enfrentará a la pareja.

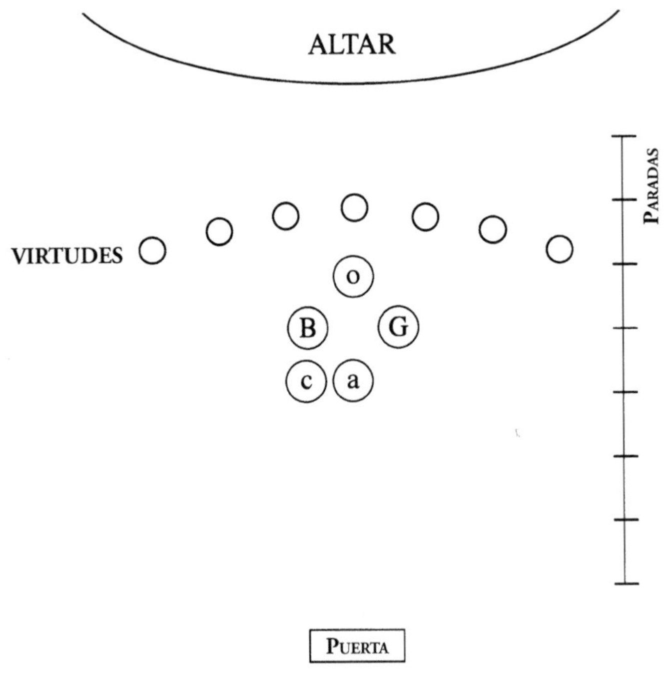

Diagrama E, Parada 5

Luego de cumplida nuevamente la primera ceremonia, el oficiante dirá:

«Las virtudes son las luces sobre nuestro sendero. Son nuestra fuerza; son nuestra riqueza. Que aparezcan las siete grandes virtudes.»

Con gran música, aparecerán siete niñas vestidas con trajes blancos y coronadas sus cabezas, sosteniendo cada una diferentes ramos de flores. Se mantendrán de pie, en semicírculo, detrás del oficiante.

1. Se adelantará la «Gratitud» y se pondrá frente al niño, y dirigiéndose a la novia, al novio y al niño, la niña dirá:

«La gratitud de uno al otro es el cimiento del futuro. En todo, que la sonrisa de la gratitud resplandezca de vuestro ser.»

Entonces, ella alzará sus manos bendiciendo y se alejará para sentarse en una silla frente al altar.

2. Se adelanta la «Tolerancia» y dice:

«Que el espíritu de la tolerancia esté siempre con vosotros. La tolerancia da libertad, pero despierta la vigilancia en el corazón.»

3. La «Paciencia» hará lo mismo, diciendo:

«Nada grande puede realizarse de prisa, ni con espíritu impaciente. El nacimiento de una gran gloria llega a quienes aprendieron la paciencia en las relaciones diarias.»

4. El «Servicio Sacrificado» hará lo mismo, diciendo:

«Nada os pidáis uno al otro, sino daos lo mejor que tengáis.»

5. El «Coraje» seguirá, diciendo:

«Hay enemigos de la unidad. Hay obstáculos, impedimentos y peligros en el camino, tened coraje. Fortaleceos uno al otro y pasad intrépidamente las oscuras noches de la vida. Recordad que la estrella de la victoria brilla siempre sobre los valientes.»

6. La «Alegría» dirá:

«Con alegría venceréis las irritaciones de la vida. La alegría aguzará vuestros ojos, fortalecerá vuestros brazos y rodillas. La alegría hará que el Sol brille siempre en vuestros corazones. Regocijaos y disfrutad mutuamente la belleza. La alegría os hará creativos, y vuestra luz brillará eternamente con alegría.»

7. La «Solemnidad» dirá:

«La solemnidad es una vida vivida en la luz de vuestro bien supremo, en la presencia de vuestra Mano guiadora, en la luz de la verdad, la belleza, la bondad. La solemnidad es el poder de los reyes y las reinas de espíritu.»

Luego que la «Solemnidad» va a sentarse en su silla, el oficiante dirá:

«Que estas siete virtudes sean como siete perlas alrededor de vuestro cuello.»

Y alrededor del cuello de la novia, el novio y el niño, pondrá en cada uno un collar de siete perlas.

El siguiente viaje comenzará con gran música.

F. Luego que la pareja llegue a la siguiente parada, celebrará la primera ceremonia y después el oficiante dirá:

«Asistente, tráeme dos espadas.»

El asistente, con gran solemnidad irá a traer las dos espadas y se las alcanzará al oficiante, quien entonces dirá:

«*He aquí dos espadas, una para ti (nombra al novio) y una para ti (nombra a la novia). Sostenedlas con vuestra mano derecha. Alzadlas y cruzadlas sobre vuestras cabezas. (A esta altura, el niño se volverá hacia la pareja). Las espadas son el símbolo de vuestro divino poder de voluntad, el poder de vuestro Yo recóndito. Con el poder de vuestro Yo interior, consagrados al servicio del bien supremo y a la Presencia Todopoderosa, podréis continuar vuestro viaje una vida tras otra con victoria, alegría y creatividad. Golpead juntos vuestras espadas y decid en alta voz: ‹Lo haremos›.*»

El novio y la novia golpearán sus espadas, diciendo:

«*Lo haremos.*»

El oficiante continúa diciendo:

«*Ahora, con la espada, cortad la atadura que os rodea, y repetid después de mí: ‹Cortamos el círculo para unirnos con toda la vida›.*»

La pareja lo repite y lo hace. Entonces, el oficiante continúa:

«*Ahora, llevad las espadas hasta el altar y colocadlas en las gradas diciendo: 'Señor, consagra nuestros espíritus para que vivamos y luchemos para cumplir Tu plan para nuestras almas, para servir a Tu propósito y para hacerte manifestar en nuestras vidas.*»

La pareja obra como dice el oficiante. Luego, el asistente toma las espadas de las gradas en los que la pareja las dejó, y las cuelga de las cinturas de la novia y del novio.

G. Comienza el siguiente viaje, y cuando llegan a la última parada o etapa, se celebrará la primera ceremonia por última vez. Esta etapa séptima y última tiene lugar frente al altar en el que están sentadas las siete virtudes.

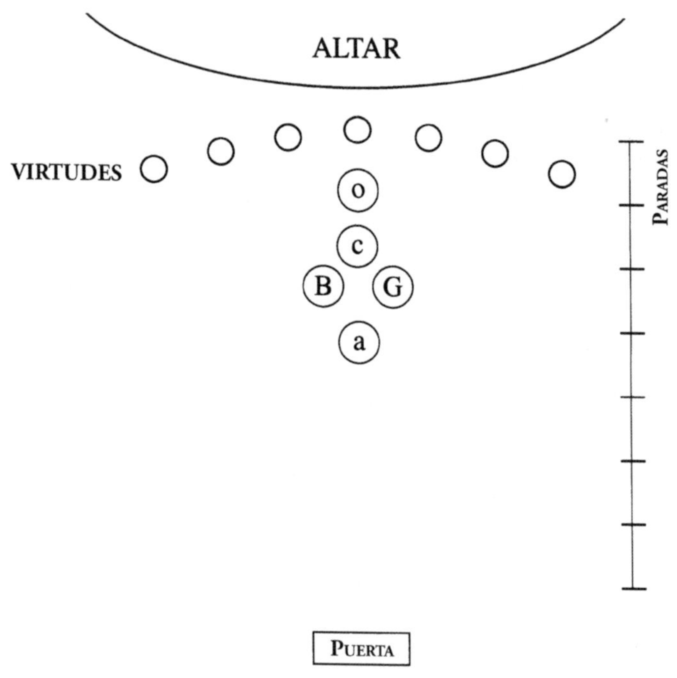

Diagrama F, Parada 6

Tras repetirse la primera ceremonia, el oficiante dirá:

«Extendamos nuestro llamado a los siete Rayos del Sol y que ellos traigan las coronas de la victoria.»

Se adelantarán los Siete Rayos llevando camisas anaranjadas y pantalones negros. Tres caminarán al frente, el cuarto lo hará detrás de ellos portando dos coronas de flores, y los tres últimos seguirán a éste. Se ubicarán detrás de la novia y del novio.

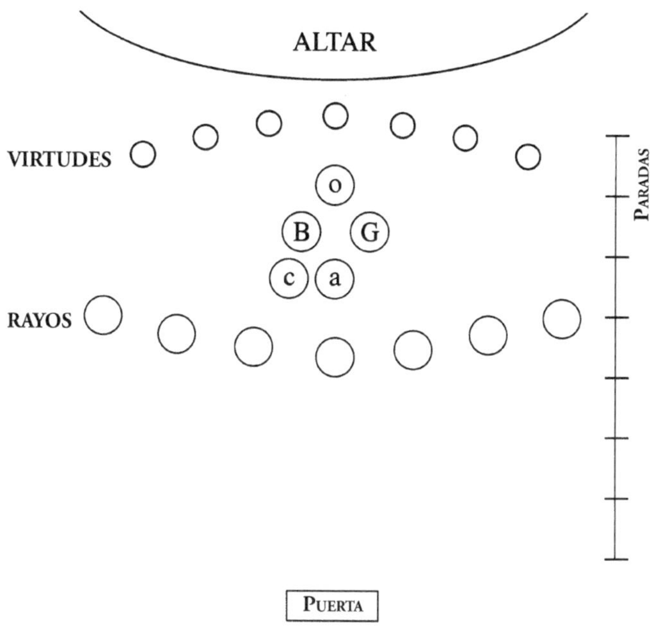

Diagrama G, Parada 7

El cuarto niño dará una corona a los tres niños que tiene a su izquierda. Los tres juntos tomarán la corona y la colocarán en la cabeza del novio y luego volverán a sus lugares. El cuarto niño dará entonces la corona restante a los siguientes tres niños que, de la misma manera, colocarán la corona en la cabeza de la novia y luego regresarán a sus sitios.

El oficiante dirá:

«Ahora, tú (nombrando al novio) eres el esposo de la novia (nombrándola) y tú (nombrando a la novia) eres la esposa de tu marido (nombrándolo). Habéis alcanzado la victoria rodeados de las virtudes y los Rayos. Ahora besaros como almas. (La pareja se besa). Que la bendición de Cristo esté sobre vosotros. Que el poder de la Vida Todopoderosa se derrame sobre vosotros, fortaleciéndoos en vuestro viaje mientras dure la vida.

»Ahora, vosotros (nombra a la novia y al novio), arrodillaos y repetid después de mí: ‹Señor, envía Tu voluntad… da o toma. Juntos contigo, examinaremos nuestros peligros insospechados. Juntos deliberaremos nuestras decisiones de ayer. Hoy estamos satisfechos, y Tú conoces mejor que nosotros la cantidad de alimento que necesitaremos para mañana. No transgrediremos Tu voluntad porque sólo de Tu mano podemos recibir›.»

Después de que la pareja repita estas palabras, todo el personal de ceremonias dirá conjuntamente la Gran Invocación:

Desde el punto de Luz en la Mente de Dios
Que afluya luz a las mentes de los hombres.
Que la Luz descienda a la Tierra.

Desde el punto de Amor en el Corazón de Dios
Que afluya amor a los corazones de los hombres.
Que Cristo retorne a la Tierra.

Desde el centro donde la Voluntad de Dios es conocida
Que el propósito guíe a las pequeñas voluntades de los hombres
El propósito que los Maestros conocen y sirven.

Desde el centro que llamamos la raza de los hombres

Que se realice el Plan de Amor y de Luz
Y selle la puerta donde se halla el mal.

Que la Luz, el Amor y el Poder, restablezcan el Plan sobre la Tierra.

Entonces, el oficiante tomará dos anillos de la mano del asistente y colocando los anillos en los dedos de los novios, dirá:

«*Estoy poniendo estos anillos en vuestros dedos como el símbolo de vuestros votos. Que vuestros votos retumben dentro de vuestras almas. Que ahora partáis con la alegría eterna.*»

Luego, el oficiante pondrá sus manos sobre las cabezas de ellos, bendiciéndolos. Entonces la virtud Alegría conducirá a la procesión hasta la sala de recepción.

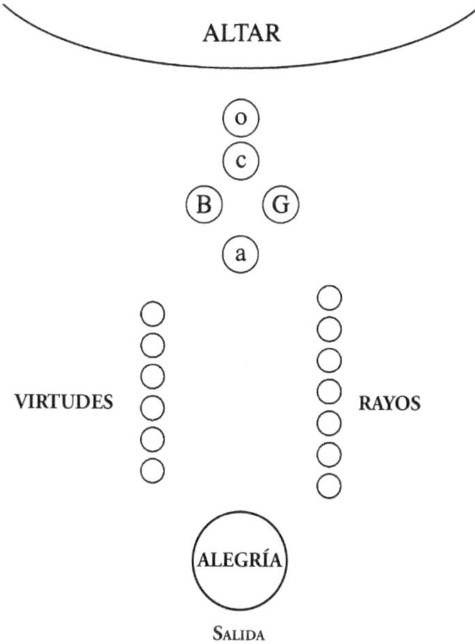

Diagrama H, Parada 8

IV

LA ELECCION DEL BEBÉ

Se daba cierta meditación a quienes iban a tener bebés muy evolucionados. Se creía que las almas existen antes de nacer en sus cuerpos físicos. Las almas están en distintas etapas de evolución. Las muy evolucionadas se llaman «almas viejas», y las no evolucionadas se llaman «almas jóvenes».

Las almas viejas vienen a trabajar como dirigentes, talentos, genios en cualquier campo del esfuerzo humano para fomentar la evolución de la humanidad. Las «almas jóvenes» desperdician su tiempo, su energía, su dinero y sus cuerpos, y producen problemas a las que están más adelantadas. Las almas jóvenes son atraídas hacia los valores superficiales de la vida, y habitualmente demoran su evolución con el uso de alcohol, drogas, tabaco y marihuana, y derrochan su energía complaciéndose excesivamente en lo sexual.

Los padres pueden atraer almas viejas o almas jóvenes. Si la pareja desea introducir almas viejas que sean fuerzas creativas en la vida humana, deberá enfocar sus deseos en los planos superiores. Sus deseos podrán elevarse de un nivel a otro mediante meditación, contemplación y visualización de grandes ideas.

Segundo, la pareja deberá estar mutuamente armonizada, como dos instrumentos musicales.

Si tales condiciones existen en el momento del acto amoroso, se crea un embudo que se extiende desde los órganos sexuales de la pareja, sus cuerpos etéricos, emocionales y mentales. En casos raros, la boca del embudo está en la Tríada Espiritual.

Si hay gran amor, respeto y admiración, estos sentimientos crean la esfera correcta de atracción para las almas viejas.

Si hay desunión, rechazo o conflicto, la esfera magnética se torna gris y sólo atrae almas jóvenes.

Para ayudar a las personas a que atraigan almas superiores y sirvan así a la humanidad, los Sabios daban técnicas de meditación que se usaban muy privadamente en algunas comunidades, en su matrimonio, entre las personas adelantadas.

Pensaban que las almas superiores podían ser atraídas hacia grandes ideas con las que las almas ingresantes se relacionaban. Una vez que a un hombre y a una mujer los atrapaba una gran idea, ésta solía atraer al alma apropiada hacia el torbellino magnético de amor cargado con esa gran idea.

Solo la atracción física entre una pareja no puede crear un llamado eléctrico en las esferas superiores de frecuencias en las que las almas adelantadas aguardan encarnar.

La fusión emocional crea una mayor posibilidad para extender el llamado en las esferas superiores.

La unificación mental extiende más allá la línea eléctrica dentro de las esferas superiores. Pero sólo una idea cargada con Fuego intuitivo podrá penetrar en las esferas superiores y construir un puente de luz para el alma ingresante.

Creían que las ideas son corrientes energéticas que causan varios cambios en nuestros pensamientos, en nuestros puntos de vista, en nuestras relaciones, en nuestra creatividad y en todo nuestro mecanismo.

También creían que las ideas son capaces de multiplicarse en miles de modos y formas, expandiéndose en las formas de grandes movimientos, grandes reformas, renacimientos y grandes organizaciones.

Una idea genera pensamientos. Los pensamientos son la radiación y la red de la idea, y en esta red la idea se expande y penetra en muchas capas para construir su propia estructura exterior.

Una idea es la precipitación de una esfera eléctrica en el Plano Intuicional en el que se hallan los diseños del Plan Divino. El Plan es una gran tensión de energías acumuladas que periódicamente se precipitan como ideas en las mentes de los hombres y mujeres que son bastante sensibles a fin de que las mismas se graben en ellos y trabajen en procura de su manifestación a pesar de toda oposición posible.

Para las personas adelantadas, que están más cerca de su Yo real, las ideas son más reales que el mundo manifiesto. Si se les diera a elegir entre la idea y la vida en el mundo material, escogerían la idea, en vez de vivir una vida material sin la idea.

En los reinos superiores de su naturaleza, el hombre vive y respira en el mundo de las ideas. En su progresiva evolución, podrá identificarse más con ideas que con el mundo de las formas. Al identificarse con las ideas, se torna invencible en su trabajo para hacer que las ideas se manifiesten.

Meses antes de la fecha de la relación física, la pareja deberá meditar sobre algunas ideas inspiradoras e involucrar lentamente sus almas y sus mentes en esas ideas.

Hay siete clases de ideas. Hay ideas políticas, educacionales y filosóficas, lo mismo que ideas científicas, artísticas, religiosas y económicas. La pareja deberá escoger una idea que sus almas anhelen y ampliar el efecto de esa idea en sus mentes leyendo, oyendo y hablando acerca de ella. Incluso deberá tratar de ver la expresión de la idea en las artes, las ciencias, la educación, etc.

La meditación es como el aliento de las ideas. Primero, se inhala la idea. Luego se tiene una pausa interior para asimilar, absorber y traducir esa idea. Después, la exhalación de la idea es la expresión de ésta en una forma apropiada.

Según su campo de interés, la pareja tratará de inhalar grandes ideas desde sus mundos espirituales interiores. Luego de hacer descender la idea, cavilan sobre ella pensando, analizando y tratando de hallar el significado interior o la significación de esa idea.

Entonces, la pareja deberá exhalar la idea, que en términos prácticos significa que deberá hallar los modos y medios para demostrarla conjuntamente, en el mismo campo de servicio. En la aplicación práctica de la idea es que se podrá entenderla realmente.

Entre dos personas se desarrolla un amor mayor cuando sirven a la misma idea al unísono, olvidándose de sí mismas. Una vez que el aura y las expresiones vitales de la pareja se cargan con la idea, ésta entra en un gran campo magnético. Las almas adelantadas aguardan ver semejante formación ingresando de nuevo a la encarnación.

La segunda labor importante que la pareja realizará es desarrollar inofensividad en los tres niveles de sus personalidades, inofensividad en sus pensamientos, en sus reacciones emocionales y en sus acciones. Las almas viejas rechazan a los padres involucrados en algún acto perjudicial porque no quieren agobiarse con el *karma* de sus acciones perjudiciales.

Esto significa que la pareja deberá ejercitar el pensamiento recto, el pensamiento claro y la palabra correcta. Deberá tener muchísimo cuidado de no impedir la evolución de otras personas con sus malas palabras.

La inofensividad en las reacciones emocionales deberá manifestarse como amor puro.

La inofensividad en la acción se manifestará como conducta recta, disciplina y voluntad elevadora creativa.

La inofensividad produce una gran aura magnética y enriquece al aura de la pareja con espléndidos colores y matices. Se nos ha dicho que a veces una pareja tiene la apariencia de una flor brotada, un jardín florecido. Las grandes almas son atraídas hacia la gran belleza.

Es posible que cuando algunas almas grandes son atraídas hacia el aura colorida y magnética de una pareja en la época en que se hacen el amor, esta aura magnética no es realmente permanente ni el resultado de grandes logros, sino sólo un acontecimiento de coincidencia. Así, el alma ingresante paga un gran precio cuando encarna porque ve que la pareja no podrá proporcionarle lo que necesite en lo mental, emocional o físico que ella debe tener para ser un gran talento, y sufre de muchos modos.

En el *Bhagavad-Gîtâ* leemos:

«*El hombre que es justo en el sendero del Yoga va al mundo de los justos. Vive allí muchos años, luego reencarna en un hogar puro y próspero.*»

«*O puede nacer en una familia de yoguis que son ricos en sabiduría. Tal nacimiento, naturalmente, es difícil de lograr en el mundo.*»

«*En tal hogar obtiene lentamente la consciencia alcanzada en sus cuerpos anteriores y luego se empeña en más conocimiento y perfección.*»

El tercer deber importante de la pareja durante el período preparatorio es considerar todas las exigencias necesarias del alma que pueda encarnar debido al voltaje de la gran idea. Tales almas necesitan cuidado especial, condiciones y circunstancias especiales, y sabiduría de sus padres que satisfagan sus necesidades.

Supongamos que la pareja invoca un talento en las artes, un músico, un cantante o un compositor. Los padres deberán preparar la atmósfera correcta y las condiciones físicas a fin de que florezca y evolucione sin impedimento alguno.

Si un talento o un genio llega a una familia que no está preparada para proporcionar los requisitos necesarios del alma adelantada, el alma sufre e incluso causa grandes trastornos a sus padres. A menudo los padres, al ver la grandeza de su hijo y no poder satisfacer sus necesidades, experimentan intenso sufrimiento.

No sólo el entorno físico, sino también el entorno emocional, mental y espiritual deberán estar preparados antes de que el bebé llegue. Los padres preparan las ropas, la camita, incluso los juguetes del alma encarnante, pero raras veces piensan en los requisitos emocionales, mentales y espirituales.

Las grandes almas imponen grandes sacrificios a sus padres, pues éstos las introdujeron en el torbellino de sus sueños, visiones y empeños. A menudo, si estos hijos no crean respuestas en los corazones de sus padres, o si las condiciones físicas de los padres no son apropiadas para su labor de crecimiento, tales hijos se retirarán dentro de sí mismos. A medida que envejezcan, vivirán solas y tratarán de crear las condiciones correctas para sus talentos. En este sendero se pierden muchos talentos y muchos genios rehúsan florecer.

Cuando la pareja está activa en la meditación y en los diversos campos de servicio, es probable que los cónyuges se relacionen con ciertos *ashrams* o centros subjetivos de erudición o sabiduría. Tales padres, al estar en contacto con *ashrams* subjetivos, atraen miembros *ashrámicos* a su aura y les dan nacimiento. Pero tales casos son raros en esta época.

En unos cien años más, las personas comprenderán cada vez mejor sus relaciones con los grupos subjetivos, que por lo general se hallan en planos mentales e intuitivos superiores. Una vez que establezcan un contacto consciente con estos grupos, entonces la labor de traer almas a este mundo será una responsabilidad muy grave.

Nuestras condiciones políticas y económicas podrán ser afectadas debido a las almas adelantadas que ingresan, pues a veces ellas son las creadoras de grandes crisis o grandes reformas pero, en ambos casos, demostrará gran capacidad de conducción.

Si muchas personas adelantadas planifican conscientemente invitar a ciertas almas para que encarnen, muy claramente podrán causar grandes cambios en la vida. La concepción consciente puede ejercitarse en los casos en los que los padres quieren un hijo para continuar su sendero de servicio y fomentarlo con grandes logros después que fallezcan. Con frecuencia es posible tener generaciones de científicos, músicos, jurisconsultos, reyes o maestros.

V

LA FUTURA MADRE

Podemos afirmar que el bienestar de una familia, de un grupo, de una nación y de toda la humanidad depende de la calidad de las madres.

Si una Madre es física y emocionalmente sana e irradia amor, si es mentalmente creadora y educada, si es espiritualmente avanzada y su naturaleza está armonizada con la naturaleza mayor del planeta y del Cosmos, entonces la generación proveniente de esa Madre elevará y transformará a este planeta. La Madre es la norma de nuestra supervivencia, de la creatividad, el triunfo y la alegría.

La máxima oportunidad que una mujer tiene es cuando está embarazada, pues en esos nueve meses podrá grabar en el hijo las acciones, las emociones y los pensamientos e impulsos creadores que, en el futuro, podrán contribuir a la supervivencia del hijo, de la familia, de la nación y de la humanidad.

Si ella está físicamente sana, muy probablemente dará a luz un bebé sano. Si es emocionalmente equilibrada y pura, su hijo es muy probable que tenga una vida equilibrada. Si está realmente desarrollada y mentalmente educada, su hijo será guiado de modo tal que en el futuro, sea lo que fuere lo que él piense, contribuirá al bienestar y a la supervivencia de la humanidad.

Los médicos toman precauciones para proteger el bienestar físico del bebé. A las madres se les brinda educación especializada sobre cómo hacer ejercicios, cómo caminar, cómo descansar, pero no se presta atención suficiente a su salud emocional y mental, lo mismo que a sus orientaciones espirituales.

En el futuro, las parejas traerán hijos al mundo sólo con el permiso de las autoridades superiores: autoridades compuestas por médicos-sacerdotes Iniciados, dotados de clarividencia superior, sabiduría y conocimiento. No sólo se controlarán los vehículos de la personalidad de los padres, sino que también sus mapas astrológicos y horóscopos serán investigados esotéricamente por estos médicos-sacerdotes que indicarán el mes correcto de la concepción. La gente comprenderá cada vez mejor que el negocio más importante del mundo es producir un hijo digno de vivir en el planeta entre seres humanos, capaz de adelantar en su evolución y en su servicio en favor de la humanidad.

En el futuro cercano, nacerán instituciones especiales en las que los Iniciados enseñarán a las futuras madres la ciencia de la concepción y la ciencia de prepararse de modo tal que el bebé encuentre las condiciones ideales para hacer aflorar lo mejor de sí. Las madres del futuro aprenderán la ciencia de la meditación y la contemplación, y lograrán continuidad de consciencia; aprenderán la ciencia de la protección respecto de las fuerzas y vibraciones destructivas, para que el hijo tenga la oportunidad de florecer e ingresar en el mundo como una joya real.

La gente piensa a menudo que un bebé se vuelve bueno o malo después de que va a la escuela, o después de que ingresa en la sociedad. Eso no es necesariamente cierto, pues mientras el hijo está dentro de la Madre, ésta le instila las semillas de su futuro o hace que se activen las mejores semillas que ya hay en él. Principalmente, son estas semillas (buenas o malas) las responsables de la vida futura del hijo. Me refiero a las semillas físicas (semillas o factores condicionantes de nuestros genes), semillas emocionales que la Madre siembra en el campo emocional del hijo, semillas mentales que ella pone en su campo mental, o las semillas buenas y malas que ella estimula y que el hijo heredó de vidas pasadas. El hijo será la suma de todas estas semillas.

Un bebé recién nacido es la suma total de su pasado, de los esfuerzos y fracasos de todas sus vidas pasadas lo mismo que de las influencias reunidas a lo largo de los siglos de sus diversas relaciones. Pero la influencia de la Madre, mientras el hijo está en su vientre, lo condiciona y le da la ocasión de vencer sus obstáculos y vivir como causa, o seguir siendo el efecto de las causas del pasado.

Si en la época del embarazo, la futura mamá está continuamente alterada, si es negativa y destructiva, o si está deprimida, con miedo, odio o irritación, no sólo pondrá las semillas de estas emociones en su hijo que no nació aún, sino que también evocará similares semillas de la naturaleza propia del hijo y las reactivará antes de que el hijo tenga ocasión de limpiarse conscientemente de estas semillas.

Si la futura Madre está obsesionada o poseída en la época del embarazo, provocará en el hijo por nacer una obstrucción antes de que aquél empiece a vivir su propia vida. Así, el bebé absorberá todas estas condiciones y semillas, que se convertirán en las semillas del futuro de ese hijo. Recuérdese que Cristo dijo que cuando una mujer está dormida (psicológicamente), el enemigo siembra cizañas (malas hierbas) en su jardín.

Si la futura Madre es mentalmente creativa, las semillas de su aptitud creativa se implantarán en el hijo. Si es una persona empeñada en la pureza y la justicia, esas semillas se plantarán en el bebé. Y si, debido al *karma* del hijo, éste vive en condiciones adversas que pudieran extinguir toda llama de pureza y creatividad dentro de él, este hijo aun hallará su camino y se volverá intensamente más creativo y puro a pesar de tales condiciones. Brillará como una joya en el barro de su medio circundante y jamás perderá su belleza porque las semillas plantadas o evocadas durante el embarazo son tan fuertes que podrán resistir todo mal en su futuro. Es aquí cuando la futura Madre enfrenta su máxima responsabilidad.

Por supuesto, ante su labor de un parto creativo, que es a la vez físico y espiritual, la mujer deberá efectuar una sabia elección respecto de quien tendrá como esposo. A menos que sea una elección sabia, podría crear un tiempo difícil para sí y para sus hijos, y una elección imprudente podría demorar su propia evolución. Ella deberá no sólo considerar la situación financiera del hombre, sino también su evolución emocional y mental y su desarrollo espiritual. Deberá usar sus facultades intuitivas para ver en él al hombre real, pues es él quien, debido a su sentido de responsabilidad, compartirá la gran labor de ella.

En la preparación para la maternidad, las mujeres serán educadas en procura de elecciones sabias. También se les enseñará cómo controlar sus emociones y sus pensamientos en épocas de tensión y fatiga.

Es muy lamentable que las mujeres embarazadas estén obligadas a trabajar en fábricas, en sitios emocional y psicológicamente perturbados, o en oficinas en las que miles de problemas causan irritación y depresión en ellas.

En las particulares escuelas del futuro, las futuras madres serán instruidas sobre cómo separar y aislar sus naturalezas emocionales y mentales, cómo protegerse de los ataques de la oscuridad para que no influyan negativamente sobre el bebé, y cómo dar a luz un «templo» en el que Dios vivirá. Esta es una idea profundísima: que se está construyendo un templo para Dios.

¿Qué clase de templo se está construyendo: ¿un templo físicamente enfermo, un templo emocionalmente deforme, un templo mentalmente resquebrajado? ¿O se está construyendo un templo tan bello en lo físico, lo emocional, lo mental y lo espiritual que Dios podrá descender y vivir -o el espíritu podrá descender y vivir- como un fuego vivo para irradiar las grandes posibilidades de desarrollo espiritual?

En el futuro, la mujer embarazada dispondrá de las mejores condiciones para vivir y prepararse física, emocional, mental y espiritualmente para producir su obra maestra.

En las comunidades antiguas, se observaban dieciséis normas para la mujer embarazada:

1. La futura Madre estaba casi siempre aislada, y se le brindaba especial cuidado.
2. Se extasiaba con la belleza de la naturaleza y las estrellas.
3. Se rodeaba de música inspiradora y espiritual, y de música elevada. Era suave, melodiosa y de gran armonía.
4. Se le daban oportunidades de que asistiera a fiestas y bailes populares.
5. Se le daba oportunidad de pasar largas horas junto a ríos y océanos, o en los bosques, escuchando los cantos de la naturaleza,
6. Se le contaba anécdotas de grandes héroes.
7. La religión se le presentaba desde un enfoque no doctrinal. Se le inculcaba la pureza, la bondad, la belleza y el pensamiento creativo como ejemplos prácticos de perdón, amor y caridad.
8. La comida era una cuestión importantísima. No se toleraban bebidas alcohólicas, tabaco ni drogas. Comía principalmente frutas, nueces, hortalizas y leche.
9. Quienes visitaban a una mujer embarazada tenían que pasar por una estricta discriminación por cuenta de ella. Tenían que ser de elevado nivel moral, sanos, bellos o gallardos, y bien vestidos.
10. l O. No se le transmitían noticias negativas, dolorosas o perturbadoras.
11. Se sugería que se dedicara a la costura, el bordado, la pintura, la música y otras artes diversas, o que estudiara ciencia y otros temas.
12. El ruido era una de las cuestiones importantes que había que eliminar. A la mujer casada se la

mantenía alejada de fábricas, ferrocarriles o del medio circundante ajetreado y ruidoso.

13. Se le proporcionaba una disciplina sexual especial.
14. Todo lo que la rodeaba era de gran hermosura.
15. Parte de sus deberes eran las oraciones y la meditación cotidianos.
16. Tenía que gozar de estabilidad financiera.

1. *El aislamiento* es, para la mujer embarazada, una necesidad. Debe mantenerse alejada de varias influencias que la alterarían y causarían problemas al hijo por nacer. Así, el aislamiento da a la futura Madre la oportunidad de recogerse y prepararse para las responsabilidades de la maternidad.

Hay muchas influencias físicas, emocionales, mentales y hasta psíquicas de las que la futura Madre deberá alejarse si espera tener un hijo sano y ser una Madre sana.

2. Las *bellezas de la naturaleza* tienen gran efecto sobre la mujer embarazada y sobre el hijo. Despiertan en la Madre elevados sentimientos y le dan paz que ayuda a que el hijo por nacer crezca con los nervios sanos. Esta paz afecta a los sentidos del bebé y hace que la Madre esté físicamente más dispuesta a producir un alimento sano y emociones más amorosas para su hijo.

Las bellezas de la naturaleza imparten energía psíquica y mayor *prana* a los organismos de Madre e hijo, y orientan a ambos hacia cuerpos más sanos y perspectivas más sanas de vida. Las estrellas tienen gran efecto sobre el sistema nervioso. La mujer embarazada debe tener ocasión de caminar de noche por bellos parques. Debe tener tiempo para sentarse bajo los árboles y contemplar el cielo, y discutir diversos relatos mitológicos sobre el zodíaco y otras constelaciones. En algunos países, ella duerme afuera, en la azotea, para estar más cerca de las sutiles influencias de las estrellas.

3. La *música* tiene gran efecto sobre el sistema nervioso y las glándulas a través de los centros etéricos, *nadis* y aura. Alguna música puede alterar literalmente el ritmo del cuerpo, degenerar el sistema nervioso, deformar la función de las glándulas, causar muchos problemas de salud e incluso inducir diversos tumores en el cuerpo. Ciertos sonidos pueden crear, destruir o producir varias congestiones físicas y psíquicas.

El rock pesado y la música disco son peligrosísimos para la salud, el cerebro, la mente y el corazón. Tampoco es bueno sentarse frente a la televisión y dañar al embrión con las perjudiciales radiaciones de la TV. Es un suicidio psicológico escuchar semejantes clases de música y someter al bebé a tales radiaciones dañinas. Las radiaciones de la TV y el ritmo y el tono de la música de bajo nivel pueden cortar la conexión etérica entre los tres vehículos y el Alma, e introducir al sujeto en la degeneración, la irresponsabilidad, el delito y enfermedades diversas.

Las mujeres jóvenes, especialmente cuando están embarazadas, deben protegerse de semejante música, brindándose, en lugar de ésta, música suave, melodiosa, inspiradora, de ritmo muy natural. El ritmo equivocado puede deformar un latido cardíaco matemáticamente exacto y las funciones de varias glándulas. La música de arpa, órgano, piano, violín y varios instrumentos de viento puede tocarse con gran belleza.

4. Tener un bebé es algo sagrado. Es uno de los grandes milagros de la naturaleza, y habrá que tener cuidado de que ese bebé sea un bebé especial. En algunas tradiciones, la gente rodea a la mujer embarazada con bellas *fiestas de bailes populares.* El baile vigoriza el sistema nervioso, las emociones y los músculos. Se graba en los sentimientos y pensamientos del observador, y aleja las flotantes nubes de preocupaciones, ansiedades y pensamientos frívolos. Así, el bebé por nacer recibe las mejores sensaciones e impresiones posibles para crecer más sano. Las fiestas de bailes populares pueden tener un gran efecto elevador y dinamizador sobre las mujeres embarazadas. En tales bailes, se patentizan el ritmo, el color, la música, la energía, la vitalidad física y el dinamismo. Todas estas impresiones crean una tendencia y una orientación sanas en el bebé. Los bailes populares proyectan fuerte energía de vida en el espacio que nutre al cuerpo etérico de la audiencia.

Al asistir a tales fiestas, la mujer embarazada se llena con el espíritu de la belleza, la armonía y la vitalidad. Tales formas de pensamiento y tales experiencias son las que, cuando se arraigan en la mente de la mujer, rechazan todas aquellas formas de pensamiento que son feas, negativas y deprimentes.

5. El sonido de océanos, ríos y cataratas, o los sonidos de los árboles y las aves, todos los *sonidos* de *la Naturaleza* tienen un efecto calmante, suavizante y dinamizante sobre el sistema nervioso. En algunas partes de Asia, a las personas nerviosas e irritables las llevaban a las cataratas y se las hacía permanecer cerca de las caídas de agua unos pocos meses. También se

las llevaba al océano o a los ríos y se las hacía pasar largas vacaciones en contacto con la naturaleza. Se les decía que escucharan la música de la naturaleza, la orquesta de los grillos, ranas, ríos, cataratas, olas, cantos de las aves, brisas, etc.

El sonido de la naturaleza tiene gran efecto curativo sobre el sistema nervioso y la mente. Cuando yo estaba en el monasterio, solían hacernos escuchar el trueno. Cuando oíamos el bramido del trueno, solíamos golpear nuestras espaldas contra las paredes, las columnas o los árboles. Solían decir que la vibración del trueno era así absorbida parcialmente a través de nuestro cuerpo y se transformaba en electricidad psíquica, que curaba muchos problemas nerviosos, insomnios, irritabilidad, etc.

En uno de nuestros retiros, los maestros solían llevarnos en las primeras horas de la mañana a los bosques para que escucháramos la sinfonía de las aves. El escuchar conscientemente semejante sinfonía eleva a la naturaleza humana y la carga con paz, alegría y energía.

6. *Anécdotas de grandes héroes* se contaban a las futuras madres. En algunas aldeas, las mujeres embarazadas se congregaban, y poetas, músicos y trovadores itinerantes acudían a cantarles: entonaban canciones sobre las vidas heroicas de grandes hombres y mujeres con sus bellas voces y muy buena música.

Las formas de pensamientos de grandes héroes suscitan grandeza y tendencias heroicas dentro del bebé. Una Madre transmitirá inmediatamente tales impresiones al embrión, al hijo por nacer.

Tendremos una difícil generación de hombres y mujeres en el futuro si no empezamos a brindarle a la futura mamá de hoy las vidas de los grandes héroes y heroínas. Pero estas grandes vidas deben escogerse de modo tal que defiendan la justicia, la belleza, la bondad y la verdad, y la humanidad en conjunto.

Todo acto separatista o discriminativo no puede clasificarse como acto heroico. Todo heroísmo se basa en el cimiento del sacrificio personal, la unidad, la belleza, la bondad y la fraternidad humanas.

7. Las mujeres embarazadas deben desarrollar *disposición hacia las aspiraciones sublimes* para que aquéllas impriman en el embrión la tendencia a trascenderse y superarse continuamente, y a esforzarse en pos del Misterio central de toda la creación.

Las doctrinas y los dogmas no son religión. La religión es el contacto privado entre el hombre y la gran Presencia del universo, el cual le permite recibir de esa Presencia el poder para vencer los obstáculos de la vida y avanzar por el sendero del mejoramiento y la perfección físicos, morales y espirituales. La religión es, para una mujer embarazada, un contacto diario con la Vida Única que la carga de alegría, bendiciones y luz para que afronte sus responsabilidades para con su hijo.

Cuando una mujer está embarazada, está más cerca de parecerse al Creador, pues a través de ella se está representando el mismo misterio de la creación. Es por esto que una mujer embarazada es naturalmente espiritual, devota y colmada del espíritu de la meditación y la contemplación, especialmente si está en un medio ambiente puro. Los grandes libros religiosos pueden ponerse en sus manos sin darle argumentaciones sobre creencias, doctrinas y dogmas. Una mujer embarazada es más intuitiva y sensible que en cualquier otra época. Toda situación que tienda a la discriminación, hiere sus sentimientos y produce un *shock* al embrión.

8. La *alimentación* es un factor importantísimo para una mujer embarazada. Hablando en general, algunos grupos religiosos nunca permiten a las mujeres que coman carne, pollo o siquiera pescado. En lugar de esto, se preparan muchos platos con hortalizas, nueces, granos y frutas. Se usan en abundancia aceite de oliva, semillas de sésamo y tahino. La esposa embarazada de uno de mis maestros solía beber aceite de oliva. Empezó con media cucharada, de las de té, y terminó bebiendo media taza de aceite de oliva puro, exprimido en frío, diariamente. Tuvo hijos bellísimos y fuertes.

La leche que las mujeres bebían era, en general, de cabra, y los niños más grandes eran criados también sólo con leche de cabra. La leche de cabra se usaba solamente para yogur y queso.

Estaban prohibidas estrictamente las bebidas alcohólicas y fumar era una desgracia para la mujer embarazada. Un día pregunté a mi Madre por qué las mujeres embarazadas no debían usar tabaco, y me contestó: «Embota el cerebro del bebé, lo vuelve insensible, y también siembra semillas de enfermedades».

Se usaban en abundancia frutas secas y jugo de naranja, además de jugos de frutillas, zarzamoras y granadas. A la mujer embarazada se le servían también jugos de zanahoria, remolacha, tomate y perejil. También solían hervir cebada y el agua resultante se le daba a la futura mamá, pues se decía que el agua de cebada limpia el sistema urinario y ayuda a los pulmones.

Recuerdo que los mayores aconsejaban masajear los pechos con aceite de oliva o agua fría. Decían que una muchacha madura o una mujer debían masajear sus senos diariamente de 10 a 15 minutos hasta que estuvieran totalmente rojos, y luego lavarlos con un paño frío. Pensaban que, haciendo esto, se eliminarían muchas congestiones y complicaciones futuras en los pechos.

9. A la mujer embarazada se la *protegía de diversas influencias negativas.* Por ejemplo, quienes querían visitar a una mujer embarazada tenían que ser de elevado nivel moral. La gente pensaba que una persona moralmente defectuosa podía aportar influencias perjudiciales, o perturbar y estropear la mente, el corazón y la paz de la mujer embarazada. Solían creer que el aura de una persona era emanación de su carácter, bueno o malo. Los pensamientos, sentimientos y hábitos son radiaciones contagiosas que pueden penetrar en el aura de la mujer embarazada y contaminarla.

Los visitantes tenían que vestir adecuadamente y no tener cuerpos defectuosos o feos. Por ejemplo, no se permitía ciegos ni personas con deformidades faciales, piernas o brazos quebrados, pues se decía que tales imágenes podrían activar la imaginación de la mujer embarazada y afectar al embrión.

Había otra cuestión acerca de la cual los mayores eran muy cuidadosos. Esta cuestión era el hipnotismo. A la mujer embarazada se la protegía especialmente de los hipnotizadores que solían visitar las aldeas; eran gitanos e hipnotistas poderosos. Los mayores creían que toda sugestión hipnótica dada a la mujer embarazada la concretaría el hijo durante toda su vida. Asimismo, muchas enfermedades nerviosas del niño se atribuían a este factor.

Durante la práctica hipnótica, el alma humana está ausente, y la sugestión hipnótica actúa como el comandante del cuerpo mental, creando así una dualidad en el hombre[2].

Muchos niños demuestran ciegos impulsos, tendencias y acciones mecánicas sin razón aparente alguna. Actúan, sienten, piensan y hablan de modo mecánico y no sienten la más leve responsabilidad por sus acciones.

Estas órdenes hipnóticas permanecen en el niño o adulto hasta que la consciencia de esa persona se expande hasta un grado tal -mediante educación y disciplina esotérica- que entra en su consciencia del Alma. En esa época, la persona podrá destruir todos los pasados obstáculos y órdenes ciegas dentro de su naturaleza.

Los padres o custodios de la mujer embarazada no querían otra cosa que no fuera belleza, salud y armonía entrase en contacto con la futura Madre.

10. A la mujer embarazada se la *protegía de shocks y de noticias perturbadoras,* como muerte, accidentes fatales, desaparición de personas u objetos y, en general, de toda novedad que la alterara o irritara y le causara

---

2 Veáse *Cosmos en el Hombre,* cap. 14, pp. 133-143 y *Nuevas Dimensiones en Curación*, cap. 40, para obtener más información sobre los peligros del hipnotismo.

turbulencias emocionales. En lugar de ello, se le daban buenas noticias: noticias sobre prosperidad, triunfo, noticias que le dieran alegría, esperanza y paz. Tales condiciones para la mujer embarazada ayudarán al embrión a crecer en paz y en vibraciones positivas. Las emociones y actitudes mentales tienen un gran efecto sobre el embrión en crecimiento.

11. A la mujer embarazada se le aconsejaba que *estudiara las artes y ciencias,* encomendándosele costura, pintura y música., La finalidad que se escondía detrás de tales actividades era enfocar la atención de la mujer embarazada en cuestiones elevadas que mantuvieran su mente en un alto nivel de belleza, armonía, lógica, orden y ritmo.

El embrión necesita óptimo alimento de la Madre. El alimento no es sólo la comida; la aspiración, la visión, el júbilo, el éxtasis, los pensamientos e ideas elevados, la belleza y las artes son todos alimento para la naturaleza sutil del embrión. Las emociones positivas y los pensamientos elevados suman vitalidad a la corriente sanguínea de la Madre y purifican sus secreciones de varios venenos que se acumulan, no sólo debido a razones físicas sino también a través de emociones y pensamientos negativos. Las emociones y los pensamientos tienen directa influencia sobre las glándulas. El embrión podrá crecer mejor si la Madre no tiene toxinas en su organismo.

12. El *ruido* es la maldición de nuestra civilización. Casi no hay sitio donde podamos escapar del ruido. Pero aún deberán realizarse esfuerzos para alejar a las futuras madres de toda clase de ruido. El ruido no sólo distrae a la mente y le causa fatiga, sino que al-

tera el circuito eléctrico de las glándulas y las células. Las células pueden sobreestimularse, enloquecerse y partirse bajo fuerte ruido. El resultado puede ser también perjuicio permanente para los cinco sentidos.

El recuerdo se relaciona con el ruido. El ruido excesivo continuo debilita considerablemente la memoria. A veces, el ruido es hipnótico. También crea desconexión parcial entre el cerebro físico y el cerebro etérico, causando irritación, ira, crueldad, violencia de diferentes clases, e hiperactividad.

¡Con cuánto descuido el hombre produce ruido en nombre del beneficio y del interés! El ruido audible y el inaudible son responsables, en gran medida, del gran incremento del delito en todo el mundo. Será una labor hercúlea eliminar el ruido. A la mujer embarazada se la protegía lo más posible para mantener al embrión y a su propio organismo en una paz y una salud naturales. La mujer moderna debe, por lo menos, protegerse hasta cierto grado. Esto será muy provechoso para ella y para su hijo.

Vemos cómo mujeres casadas acuden a clubes de música rock y música disco, exponiéndose al ruido mecánico. En la actualidad, la mayor parte de los jóvenes no son capaces de ir a la playa, a un lago, a un parque o a un bosque sin llevar una radio o un reproductor de música que crean en la naturaleza una fea perturbación. Este ruido estimula principalmente a los centros etéricos inferiores con consecuencias indeseables.

La eliminación del ruido aumenta el espíritu de coraje, osadía, intrepidez, virilidad, libertad de expresión, júbilo, intelecto limpio, vigor y salud en las almas de los bebés. Los niños que nacen sin tensión debida al ruido no tendrán impulso sexual prematuro ni deseo excesivo de placeres sexuales.

13. La *disciplina sexual* para las mujeres embarazadas era severísima en algunas comunidades de Asia. La mujer embarazada entendía que la relación sexual con su esposo tenía que interrumpirse durante tres años desde la fecha de la concepción del bebé. Creíase que, una vez concebido el bebé, la relación sexual dañaría al embrión de muchos modos y quitaría a la Madre la savia de energías preciosas necesarias para ella y el hijo. Esto tal vez suene ridículo al médico ortodoxo, pero los grandes Iniciados de conocimiento superior prohibían estrictamente toda relación sexual después de la concepción hasta el tercer año.

Por supuesto, en nuestra sociedad sería dificilísimo mantener junta a la familia si exigiéramos semejante condición porque los muchos estimulantes artificiales de la comida que ingerimos y nuestros estrechos contactos sociales y comerciales nos mantienen sexualmente excitados.

Esta es una gran disciplina y un buen motivo para que el hombre compruebe su control, su paciencia y su amor hacia su esposa y el bebé que vendrá. Durante tales «vacaciones», se ahonda un real amor entre los cónyuges, y una vez transcurrido parece como si se hubieran casado recién, con toda la emoción y todos los sentimientos, como al principio de su matrimonio.

Para el hombre, este es un período de transición en el que su energía procede a recargar su organismo. La belleza física y la energía, o en el caso del hombre, la virilidad, las desarrollan quienes periódicamente practican ayuno sexual. El médico moderno no aconseja generalmente sobre economía sexual, pero los antiguos creían que tanto los cinco sentidos, como el cerebro, la voz, el poder de voluntad y el entusiasmo están estrechamente relacionados con nuestra economía sexual. Así, mediante ayuno sexual, al embrión se le proporcionaba suficiente energía para que floreciera.

Luego del parto, durante dos o tres años, la Madre se privará de excitación y orgasmo sexual y dará leche pura, calmada y serena al bebé. Es muy posible que la leche traslade al hijo las emociones y deseos e impulsos sexuales de la Madre. Se puede impedir esto proporcionando a su mente ideas elevadas, y manteniéndola ocupada en trabajos creativos y en el cuidado diario del hijo. Cuando al bebé se lo libera de tal excitación, será un hijo con más control sobre su naturaleza inferior y más orientación hacia su naturaleza creativa superior.

Una vez pregunté a los mayores de una comunidad qué pensaban acerca de que el Padre estuviera presente en el momento de nacer el bebé. Replicaron que habitualmente el médico o la partera invitaban al esposo a estar presente para ayudar a su esposa durante el parto. Este era un momento muy emocionante para el esposo en la mayoría de los casos.

Decían que el estar presentes en el nacimiento del bebé afectaba a los hombres de diferentes modos. A algunos no les gustaba, mientras que otros consideraban que era un privilegio asistir al nacimiento de su hijo.

«No es obligatorio para el esposo» –continuó uno de los mayores. «Está en libertad de asistir o no». Asimismo, a algunas mujeres no les gusta que sus esposos vean cómo están ellas en el momento del parto. Creen que pierden su encanto y que su imagen se asociará con dolor, sangre, agonía o acontecimientos inesperados en las mentes de sus esposos.

»Quienes asisten y contemplan todo el proceso aprenden mucho, y a menudo se equilibra su impulso sexual, cuando entienden mejor que la principal función de los órganos sexuales es dar nacimiento a un bebé. Tal experiencia ayuda al hombre a que sea paciente en cuanto al sexo hasta que la esposa haya terminado con los años de lactancia del bebé.

»A veces, sin embargo, hemos visto los efectos contrarios: algunos hombres no pueden sobreponerse a lo que vieron, y su relación con sus esposas se entibia, e incluso hasta rompen por completo».

«Entonces, ¿qué sugiere usted?», le pregunté.

«Nuestra sugerencia es no forzar la decisión del esposo o la esposa de modo alguno, porque cada caso individual es diferente.»

A través de los años vi la verdad que se escondía detrás de estas palabras. Asimismo, vi cómo algunas mujeres quieren tener cerca de sí a sus maridos en el momento del parto. El coraje, la alegría, el júbilo que un esposo puede dar a su esposa a la hora del parto permanece largo tiempo en el corazón de ella como fuente de gratitud hacia él.

14. El *medio circundante* de la futura Madre debe ser sencillo, pero bello. En muchas comunidades, solía tener una habitación especial con alfombras orientales multicolores, cortinas bordadas, bellos vasos. con flores, pinturas y estatuas de gran belleza. Querían que el bebé naciera en un ambiente de sencillez y belleza.

Los espectáculos de payasos y las feas imágenes tenían prohibido su ingreso a la morada de la mujer embarazada. Creían que tales imágenes y espectáculos eran mascaradas de la Creación Divina y deformaba los arquetipos en los niveles superiores.

A la mujer embarazada le estaba prohibido tener contacto con animales debido al bajo magnetismo de éstos y su forma. Creían que el magnetismo animal causa pesadillas, tensiones emocionales y ataques psíquicos en la mujer embarazada. Querían que la imaginación y la visualización de ella se enfocara en formas bellas, pues eso haría que su bebé fuera bello y también se facilitara su parto.

En algunas aldeas me dijeron que una mujer embarazada se parece a una cámara fotográfica, y en algunos momentos graba cuanto ella ve sobre el cuerpo etérico del hijo. Me contaron muchas anécdotas de bebés que nacieron con ojos parecidos a los de un gato o un perro. Algunos bebés tenían incluso un muy cercano parecido con algunos animales.

La idea en conjunto es que, si la imaginación y el enfoque de una mujer están ocupados en formas bellas y avanzadas, entonces es más probable que su bebé sea bello.

En las librerías pueden comprarse tarjetas que representan figuras humanas deformes y bromas burdas. Algunas de estas figuras deformes tienen largas narices, piernas cortas, grandes cabezas y muchas otras deformidades. La gente cree que estas tarjetas son divertidas, pero tienen un efecto muy perturbador sobre el aura humana. Tales imágenes, cuando se las mira siquiera por un instante, crean obstáculos para el impulso evolutivo en la materia mental y fuerzan la retrogresión de los valores morales y espirituales y también pueden afectar profundamente a la mente.

Cuando una mujer embarazada ve estas tarjetas que representan piernas cortas, brazos largos, narices torcidas, grandes cabezas y ojos deformes, graba estas imágenes en el embrión. Por supuesto, el embrión no copiará esto de inmediato, pero habrá una lucha entre el doble etérico del embrión y la imaginación o el pensamiento impuestos. Esta lucha dejará una impresión sobre el embrión, si no dañó ya al bebé hasta cierto grado.

Hoy en día, la futura Madre se sienta frente a la televisión y contempla muchas clases de espectáculos que, a menudo, representan crímenes, feas conversaciones, odio, venganza, expresiones deformadas y asquerosas, y todo esto se graba en el embrión en grados variables. El resultado es que algunos bebés nacen con tendencias criminales y violentas, con deseos de destruir y herir. Esto puede rastrearse directamente hasta sus impresiones prenatales.

La gran literatura, la música y la belleza en sus múltiples formas tienen una tarea importante, que en nuestra sociedad fueron pasadas por alto durante largo tiempo. Esta tarea es crear admiración, éxtasis y un espíritu elevado. La admiración y el éxtasis tienen un efecto alquímico sobre el aura. Producen un género de sustancia ardiente que vigoriza, transforma y cura al cuerpo, purifica las emociones y expande la consciencia.

En el momento de profunda admiración y éxtasis, la consciencia se expande, y a menudo a la vida se la ve desde un nuevo punto de vista, en el que muchas cosas que se consideraban importantes resultan ser simplemente cosas comunes. Las mujeres casadas pueden emplear esta energía ardiente del éxtasis para cargar al embrión con un espíritu de esfuerzo y creatividad.

15. Las *oraciones y la meditación* eran las actividades diarias más reverenciadas. La meditación era una combinación de pensamientos, análisis, síntesis, visualizaciones, invocaciones y concentraciones. Era un procedimiento para entrar en contacto con valores superiores y desarrollar virtudes.

Por ejemplo, se sugería que la mujer embarazada pensara (meditara) en la gratitud y visualizara momentos de gratitud. A través de tales meditaciones y oraciones, es posible para la Madre elevar y expandir su consciencia y entrar en contacto con fuerzas y energías superiores. Estos contactos le permitirán absorber más energía y transmitirla a su aura, y de esta manera condicionar la esfera del embrión con pensamientos, ejemplos, visiones e ideas elevados.

A una mujer embarazada le estaba estrictamente prohibido entrar en contacto con médiums, magos o psíquicos inferiores. En algunas comunidades, creíase que el contacto con seres humanos desencarnados, entidades astrales y necromancia era peligrosísimo para el embrión y capaz de causar obsesión y posesión antes del nacimiento.

Muchos psíquicos son seres humanos obsesionados, y su influencia no es sólo peligrosa para una mujer embarazada sino también para la persona promedio. Acarrean influencias destructivas y pueden hallar acceso al aura del embrión. En algunos casos, a las mujeres embarazadas se las mantenía en alojamientos muy privados para no permitir que tales influencias las alcanzaran. Se les daba meditación y oraciones para protegerlas de los ataques subjetivos.

En algunos países, la magia negra está muy adelantada, y los magos negros realizan una asquerosa labor destructiva actuando en representación de varios intereses. Es un fenómeno bien conocido que los bebés avanzados son siempre atacados por fuerzas oscuras antes y después de que nazcan para impedir a las fuerzas creativas que aumenten en el mundo. Una gran salvaguarda será proteger a las mujeres y sus bebés de tales ataques.

Algunas mujeres mayores tienen incluso poder intuitivo para ver ciertas influencias sobre objetos enviados a la mujer embarazada, como regalos, comida, etc. Los objetos transportan a menudo influencias psíquicas destructivas o constructivas que deben advertirse e impedirse cuidadosamente si están influidos y cargados destructivamente con vibraciones negativas y criminales. Por ejemplo, una señora sentía rechazo contra una futura Madre y sabedora de las influencias destructivas, preparó una comida para ésta y la cargó con todo el sucio magnetismo y todos los pensamientos sucios que pudo. Luego se la llevó a la mujer embarazada y, aparentando buena voluntad, se la entregó. La mujer embarazada le dio las gracias, participó de la comida y como resultado de ésta después enfermó.

16. La *estabilidad financiera* era una cuestión importantísima en algunas comunidades de Asia. Los padres de la muchacha exigían que el muchacho tuviera sólidos ingresos antes de permitirle que se casara con

su hija. Percibían que la haraganería y el vivir de los demás era criminal y vergonzoso. Un hombre casado debía tener el orgullo de plantarse sobre sus propios pies y sostener a su familia apropiadamente.

Los padres de la pareja casada, al ver que sus hijos eran industriosos y demostraban que podían sostenerse solos, solían darles más tierras y hasta granjas para que prosperaran.

Si por alguna razón un hombre enfermaba o quedaba incapacitado, los padres y los parientes solían tratar también de ayudar a la pareja. En una ocasión, una pareja subsistía con muy poco, en referencia a sus posesiones, porque el esposo había quedado temporalmente incapacitado. Se descubrió que la mujer estaba embarazada, y en pocos días decoraron la casa con bellas cortinas, alfombras orientales, mesas, sillas y montones de comida. Los parientes jóvenes (de ambos sexos) trabajaron voluntariamente en el hogar de aquella pareja para equiparla con todo lo necesario y todo lo bello. Pocos meses después, todo lo que el bebé necesitaría fue llevado a ese hogar. Pensaban que la mujer embarazada no debe preocuparse por situaciones financieras. Se la debía proveer y satisfacer las necesidades de su vida y las del hijo por venir. Pero también se le instruía desde la niñez no ser codiciosa ni exigen te, y a contentarse. Se le enseñaba a que fuera creadora en la preparación de comidas y ropas. Se le enseñaba que fuera ahorrativa y a no forzar a su esposo a precipitarse en deudas imposibles para satisfacer los deseos innecesarios de ella.

Creo vigorosamente que el cimiento de la civilización y la cultura es la *Madre*. Creo que, en un futuro no demasiado lejano, en todo el mundo, se fundarán universidades especiales a fin de preparar a las muchachas para el hecho de ser mujer y para la maternidad. Y luego, a quienes se diplomen en tales universidades se les permitirá casarse y tener hijos.

Comenzará un nuevo ciclo y la humanidad se sublimará y transformará, formando bebés sanos y bellos que añadirán mayor luz, sabiduría y belleza al mundo. A través de tal ciclo, en pocas generaciones, la humanidad cambiará totalmente y así evolucionará en una nueva raza muy superior respecto de lo que ahora somos. La cualidad del corazón, la intuición y el poder de la discriminación inteligente pura serán las cualidades destacadas de esta raza que estará equipada con salud física, emocional y mental.

Al planeta se lo considerará demasiado sagrado como para permitir que nazcan seres humanos que lo conviertan en un planeta de aflicción, guerra, odio, explotación, codicia y crimen. El hombre no tolerará el desperdicio de energía, tiempo e interés espiritual para mantener un mundo criminal y dolorido.

Meditación para la futura Madre

1. Alineamiento[3].

2. Pronunciar lo siguiente:

«*Tu alegría es Nuestra Alegría. Cuando la encantada flor de una caricia florece en la Tierra, una nueva estrella nace en el infinito.*»

3. Pronunciar tres OMs.

---

3. Véase *La Ciencia de la Meditación,* págs. 82 a 85, de Torkom Saraydarian.

4. Meditar una semana sobre cada pensamiento semilla que se haya dado y repetir el proceso durante tres meses.

Primera semana:

«Que sea yo cuidadoso con el regalo que me dieron para que el bebé crezca en una atmósfera de salud, paz, alegría e inspiración.»

Segunda semana:

«Maravilloso es el momento del nacimiento cuando la consciencia del espíritu relampaguea brillantemente y luego se combina con la materia; hay incluso casos en los que se pronuncian palabras al nacer.»

Tercera semana:

«La educación del Corazón deberá empezar cuando se tienen dos años de edad.»

Cuarta semana:

«El templo brilla y nuestro sendero está fijado; y cada mañana nos acerca más al Sol. Bella es la ley que permite que cada encarnado contemple dentro de sí al Fuego eterno como una luz en las tinieblas.»

5. Pronunciar la *Gran Invocación* visualizándose dentro de una luz azul:

Desde el punto de Luz dentro de la Mente de Dios,
Que afluya luz a las mentes de los hombres.
Que la luz descienda a la Tierra.

Desde el punto de Amor dentro del Corazón de Dios,
Que afluya amor a los corazones de los hombres.
Que Cristo retorne a la Tierra.

Desde el centro donde la Voluntad de Dios es conocida,
Que el propósito guie las pequeñas voluntades de los hombres–
El propósito que los Maestros conocen y sirven.

Desde el centro de lo que llamamos la raza de los hombres ,
Que se realice el Plan de Amor y de Luz,
Y se selle la puerta donde se halla el mal.

Que la Luz y el Amor y el Poder restablezcan el Plan en la Tierra.

6. Pronunciar tres OM.

7. Repetir durante tres meses.

VI

GUÍAS DE LA «NUEVA MADRE»

Después de nacer el bebé, la nueva Madre debía seguir algunas normas que ella cumplía con amor y comprensión.

1. Al bebé se lo debía amamantar, en lo posible, durante 2 o más años.

2. Si la Madre tenía algún problema emocional, ira, temor, irritación, odio, etc. no debía amamantar al bebé. Ella tenía que calmarse con consejo, meditación, oración, descanso o caminatas al aire libre. Cuando se sintiera mejor, entonces podría alimentarlo. Juzgábase que la leche de Madre contenía las emociones y los pensamientos de ésta, que luego se transferían al bebé. Se sugería que ella leyera libros inspiradores o escuchara bella música mientras alimentaba al bebé.

3. Se le instruía para que no se relacionase con personas dadas a los chismes y las críticas, o con quienes expresaban feas observaciones acerca de los demás.

4. No debía realizar trabajo pesado ni viajar demasiado, sino mantenerse ocupada con el bebé y los diversos quehaceres domésticos.

5. Tenía que mantener limpio al bebé, bañarlo en agua tibia o incluso en agua fría.

6. En la comunidad en la que solía yo vivir, no circuncidaban al varón. A algunos maestros míos les pregunté si la circuncisión era buena o mala, y cuál era la razón básica de que en la comunidad no se tolerase la circuncisión.

Uno de mis maestros me dijo que la circuncisión podía prevenir la masturbación. Pero otros me dijeron que eso no era del todo cierto porque muchas personas circuncidadas pueden masturbarse de la manera habitual o de modos diferentes. Aunque se pueda impedir que una persona se masturbe, ésta puede masturbarse con su imaginación y su pensamiento, lo cual crea una más fuerte presión sobre la persona y le induce desórdenes nerviosos. También es posible que la imaginación y los pensamientos de tales personas contaminen su medio ambiente con lujuria.

Continué mi investigación sobre el tema y me encontré con otro hombre quien me dio alguna información esotérica. Me dijo que la circuncisión es un acto contra la naturaleza y que la naturaleza es muy superior al hombre y no necesita ser corregida.

En segundo lugar, la circuncisión dificulta el intercambio de energía entre los órganos masculino y femenino. La piel de un órgano circuncidado se endurece, y se pierde la sensibilidad de las células. Las células endurecidas no pueden recibir la energía astral que se transmite mediante la acción de mujer a varón, mientras el varón da energía etérica y la mujer energía astral. Debido a la falta de tal intercambio, la fusión de las dos naturalezas se demora o no se cumple.

Otro maestro me dijo que la virginidad del hombre y de la mujer no debe disolverse mediante una operación sino mediante el acto sexual a fin de concretar la fusión de la sangre y la unificación de las dos naturalezas. Es entonces cuando a ambos se los considera una sola carne porque la misma sangre circula en ellos.

Sin embargo, otro maestro me dijo que el órgano no circuncidado tiene cierta lubricación que falta en uno circuncidado. Esta lubricación, que es una secreción de la cabeza del órgano masculino no sólo es curativa, sino que también impide que ciertos gérmenes se multipliquen. Esta secreción es muy beneficiosa para el órgano femenino durante el acto sexual. Su sutil aroma excita también a la mujer y la apresta para el acto sexual.

Asimismo, la Naturaleza provee la piel para proteger de todo daño la parte más importante y sensible del órgano, como nosotros protegemos nuestro lapicero de diamante con su cobertura.

Yo tenía muchísima curiosidad para averiguar qué pensaban sobre esto las mujeres, pero ése era un territorio prohibido para mi investigación, y mi pregunta podía haberse interpretado como un gran insulto.

7. Era norma que no se tuviera al bebé en el lecho de los padres, ni siquiera con la Madre si ésta tenía su propia cama. Creían que el bebé no debía ser influido por las excitaciones emocionales y mentales, las preocupaciones, sueños, deseos, olores y mal aliento de la Madre o del Padre. Asimismo, querían que el bebé sintiera y supiera desde el comienzo que debía desarrollar independencia, no utilizando indebidamente a la Madre en favor de sus propios sentimientos egoístas.

El bebé tenía su habitación separada, con su propio lecho, y SÓLO allí se conservaban sus pertenencias. El cuarto del niño se mantenía alejado de basura, hojas viejas, plantas y flores moribundas, agua estancada, malos olores de tabaco, bebidas alcohólicas, etc.

8. Una vez nacido el bebé, al Padre no se le permitía que lo tocara durante un año. Podía ver al bebé y hablarle, pero no tocarlo. Una vez, cuando interrogué a mi Madre sobre esta cuestión, ella me dijo: «Como el Padre está en contacto con muchas personas y lleva sobre sus hombros la carga de la familia, es posible que tenga muchas influencias negativas o contaminantes en torno de su cuerpo y, al tocar al bebé, puede pasar al niño ciertas contaminaciones. Como el bebé no está todavía plenamente preparado para combatir tales emanaciones físicas y psíquicas, enferma o se siente incómodo. Cuando el Padre llega al hogar debe ir de inmediato a darse un baño o ducharse, cambiarse con ropas frescas y entonces acudir a ver a su esposa y a su bebé. Tal procedimiento los beneficiará muchísimo.

9. No se permitía que al bebé lo cargara nadie a quien se consideraba moral, espiritual o físicamente enfermo. Una persona que tuviera cualquier olor no podía alzar al bebé, pues creían que las personas generan olor debido a que sus pensamientos, sus emociones y su cuerpo están enfermos. Se eludía estrictamente el contacto de la Madre y el bebé con tales personas. Por todos los medios se evitaba a los drogadictos.

En presencia del bebé estaba absolutamente prohibido el uso de alcohol, drogas, fumar tabaco o marihuana. Durante los dos primeros años del bebé, ningún amigo del marido solía visitar su hogar por el mismo temor a la contaminación.

En esencia, al bebé se lo apartaba de todo, salvo de los parientes y amigos muy cercanos, y ni siquiera a éstos se les permitía tocarlo. Querían alejar al bebé de la influencia de todos los demás tanto como fuera posible.

10. Las madres solían evitar discusiones y peleas. No debían implicarse en los problemas de parientes y amigos, sino más bien mantener una actitud independiente.

11. Durante los dos años del período de lactancia, se observaba la mayoría de las normas del embarazo.

12. Las nuevas mamás tenían, en su mayoría, a sus madres con ellas, quienes solían actuar como consejeras en el momento de necesidad y filtraban toda noticia antes que llegase a ellas.

13. Recalcábase que durante el embarazo y durante los dos años de lactancia del bebé, marido y mujer se abstuvieran de la relación sexual y fueran amorosos, gentiles y comprensivos. No se toleraba referencia alguna a la abstención sexual o acerca de otras mujeres u hombres. Se mantenía una actitud vigilante con algún trabajo entre manos y una vida creativa consagrada a la oración.

14. La Madre solía dormir en lecho separado de su marido por muchas razones:

a. Mientras la Madre amamantaba y tenía decidido no tener relaciones sexuales durante ese tiempo, se sugería que no durmiera en el mismo lecho con él para no estimularse sexualmente al estar en estrecho contacto.

b. Si estaba embarazada, se aplicaba la misma razón antedicha, más el factor adicional de que podía descansar mejor durmiendo sola y libre.

c. Durante la lactancia, la calidad de la leche cambia si hay alguna excitación sexual. También era una protección para el hombre, pues le ayudaba a no ceder ante la excitación sexual.

Se advertía que quienes cumplían estas sugerencias y normas vivían más tiempo y llevaban una vida más sana, con mayor amor mutuo: un amor que incluso dejaba de ser sexual para convertirse en amor amistoso, compañerismo y cooperación. El amor de tales personas jamás desaparece, y no necesitan mirar a otros hombres o mujeres para satisfacer su amor.

En la época nuestra, algunas de estas reglas parecen casi imposibles; pero esto no es imposible si nos protegemos de los artificiales estimulantes del sexo y la obsesión impartida a nuestros organismos día y noche mediante televisión, radio, películas, publicaciones e ilustraciones pornográficas, lo mismo que a través de algunas comidas.

Hay una saturación de fuerza que ocurre en el contacto estrecho. Este punto de saturación debe impedirse tomando ocasionales vacaciones lejos uno del otro, mediante ayuno sexual, y no estando permanentemente juntos.

15. Desde que nacía hasta el año de edad, al bebé se lo alimentaba y cuidaba sistemáticamente, pero aparte de eso se lo dejaba solo para que durmiese y creciese. Desde el año hasta los tres años solía jugar principal-

mente con sus juguetes compuestos por pelotas de diversos tamaños y colores, cajas, bloques, xilofones, tambores y ruedas, o ábacos, etc. Cada tres o cuatro horas, su Madre o su Padre solían observarle. De este modo, el niño aprendía independencia y creatividad personal. Desde los cuatro años en adelante, solía jugar con otros niños y animales, al aire libre.

A los hijos se les prohibía que tuvieran consigo animales en sus lechos. No se permitía entrar al dormitorio del niño a ningún gato o perro. Se impedía el estrecho contacto con animales; y a los niños no se les permitía besar a sus animalitos ni tenerlos cerca de la boca, ni dejar que los animales los lamieran. Sin embargo, podían correr y jugar con ellos después de los cinco años de edad.

Sin embargo, se les permitía montar burritos, caballos, mulas, y acariciar vacas, u ordeñar vacas y cabras.

Los mayores solían decir que los perros y los gatos son transportadores de gérmenes sutiles hacia los niños y crean complicaciones en su salud y retardan sus aptitudes mentales.

En nuestro hogar, a perros y gatos se los mantenía siempre fuera, en el jardín, y no se les permitía entrar en la casa.

En la comunidad donde yo solía vivir, cubrían las cabezas de los niños siempre que éstos estuvieran al sol. Creían que el sol directo sobre la cabeza de un niño le hacía desarrollar sinusitis y resfrío, y ponía en peligro el armonioso metabolismo al lesionar las glándulas de su cabeza. En el invierno, solían proteger las orejas de los niños tanto del frío como del viento.

La Madre y el Padre tenían horas especiales para estar con el hijo y enseñarle a leer, etc., pero la relación de los padres con el hijo se dirigía siempre a desarrollar en él independencia. Hasta la Madre solía fingir que no oía a su hijo que gimoteaba y lloraba a fin de desarrollar en él fuerza y aptitud para plantarse sobre sus pies y cuidar de sí mismo.

Los padres no querían que sus hijos se colgasen de ellos y llorasen cuando se marchaban para cumplir con sus obligaciones, y tampoco querían hijos timoratos o dependientes de ellos a los que había que decirles lo que tenían que hacer o procurarles diversión. Creían que tal tipo de hijo no era un valor para la comunidad y no evolucionaba para ser un hombre de verdad, con gran virilidad o una bella mujer con las cualidades para dirigir una familia.

El papel de las madres

¿Qué puede esperarse de las madres?

- Se espera que enseñen el valor de la vida, que enseñen la belleza de la vida en todas las formas vivientes, que nos enseñen cuán breve es la vida, y cuánto hay que hacer en esta vida breve.
- Queremos que nos enseñen la unidad de la vida: la Vida Única, el Yo Único en todos los seres.
- Deben enseñarnos a tratar de resolver nuestros problemas con fría lógica y con el poder intuitivo del corazón.
- Deben enseñarnos cómo respetar la vida: las flores, los árboles, los animales, los seres humanos, incluso los elementos y objetos que se usan diariamente, como nuestras ropas y nuestros autos. Por ejemplo, en vez de quitarnos la ropa y tirarla

sobre una silla o al piso, debemos colgarla pulcramente. Debemos irradiar en todo momento el respeto que nos enseñaron.

- Esperamos que nos enseñen a amar inteligentemente, a perdonar y ser tolerantes sin estimular debilidad ni delincuencia.
- Las madres deben enseñarnos a ver la belleza, a disfrutar la belleza, a esparcir la belleza, a sacrificarnos por la belleza, y a ser creativos en todo lo que hacemos.
- Nos enseñarán a disfrutar sirviendo, a disfrutar ayudando, a disfrutar creando. Una vez vi a una chica incómoda cuando su Madre empezó a lavar los platos mientras tenían invitados. «Mamá», le dijo, «¿qué estás haciendo? Ese es mi trabajo. Anda a charlar con los invitados». «Está bien», replicó la Madre. «Yo quería que tú estuvieras un rato con ellos». «Oh, eso lo puedo hacer después. Déjame lavar los platos». Esta es la ayuda que debe cultivarse en nuestros hijos.
- Las madres nos enseñarán a ser agradecidos. La gratitud es el gran poder curativo.
- Deben enseñarnos a ser sacrificados. Y esto debe enseñarse gradualmente, con el ejemplo.

Un día pregunté a mi maestro cuál es la última meta de nuestro aprendizaje y nuestra meditación. Me respondió: «No quiero decírtelo, aunque tal vez no te asustes si lo hago...». «¿De qué se trata?», le pregunté. «Es sólo que... no *sé* cómo plantearlo con suavidad. Sólo aprende a sacrificarlo todo, hasta tu propio yo en el gran Yo. ¡Es mejor si te apresuras y aprendes esto diariamente!».

- Las madres nos enseñarán a esforzarnos, a conocer, a aspirar a grandes realizaciones en el camino del esfuerzo humano. Lo que es importantísimo: nos enseñarán a *ser.*
- Nos enseñarán a discernir entre una roca y una gema, entre un diamante real y uno fabricado con vidrio… Por supuesto, esto simbolizará los valores superiores de la vida, y nuestras madres nos enseñarán a discernir esto.
- Deberán enseñarnos, además, a cultivar un espíritu independiente.

Asimismo, las madres tienen ante sí un gran sendero de disciplina para ellas mismas, para su propia perfección, a saber:

a. Practicar el arte del desapego.
b. Dar libertad a sus hijos para que escojan, fracasen o triunfen.
c. Hacer que sus hijos se valgan por sí mismos, afronten sus problemas y traten de resolverlos por sus propios medios.
d. Ser ejemplo de honradez, bondad y belleza.
e. Ser ejemplo de mejoramiento progresivo.
f. Asignarse tiempo para planificar ciertas actividades con sus hijos, para enseñarles cómo organizar, planificar y sintetizar.
g. Jamás condenar, criticar o amenazar a sus hijos, sino que deberán tratar de entenderlos, explicarles e iluminarlos.

h. Tener horas de separación de sus hijos mandándolos lejos ocasionalmente o alejándose ellas mismas, confiando los asuntos del hogar a aquéllos.
i. Ser ejemplo de amorosa comprensión, ejemplo de silencio, de ausencia de críticas, de ausencia de condenas.
j. Mostrar gran respeto y comprensión en toda circunstancia con su esposo, o con el Padre de sus hijos.

Y bien, próximos al siglo XXI, ¿qué necesitamos aprender de estas personas? Tenemos nuestras universidades, nuestros consejeros, psicólogos y médicos; ellos saben cómo guiarnos, por lo que ¿quién necesita estos viejos métodos? ¡Los conocemos todos!

Pero en algún lugar de nuestros corazones percibimos que nuestra vida familiar necesita transformarse si queremos mayor alegría, prosperidad, salud, felicidad y buen éxito. Pero ¿cuáles son los cambios que podrán realizarse? Tal vez decidirnos a observar las costumbres y normas de estas personas sencillas y hacerlo sin orgullo intelectual, sin vanidad, para comprobar si sus conceptos podrían utilizarse en nuestra vida, para nuestro bien.

VII

EL HIJO

Una mujer joven no sólo deberá prepararse para su condición de mujer y su maternidad, sino también deberá educarse para criar a sus hijos de modo tal que:

a. Evolucionen con sus propios talentos.
b. Tengan la inspiración para defender el bien común de la humanidad.
c. Tengan la salud corporal y mental que les permita soportar la tensión de un gran servicio o un gran trabajo en favor de la humanidad.
d. Tengan un sentido muy desarrollado del discernimiento y del valor.

Un bebé es una flor exótica, y se lo deberá plantar en el mejor terreno y el mejor clima, suministrándole las mejores condiciones a fin de que sea una hermosura resplandeciente para la humanidad en el futuro.

Algunas personas, tras tener un bebé, no se preocupan por el entorno del hijo, por la influencia bajo la cual ese hijo crecerá. Tal vez sea fácil tener un bebé, pero es realmente difícil criarlo en las condiciones correctas. Pero si queremos un mundo sano, si queremos en el planeta una vida ideal, los bebés deberán ser criados en las condiciones adecuadas.

En Asia solían decir que la Madre da a luz a su hijo a través de su cuerpo y también a través de su alma. Si el hijo nace a través de estos dos canales, será grande entre los hombres. El nacimiento respecto del cuerpo insume de 7 a 9 meses, pero el nacimiento respecto del alma insume de 7 a 9 años. Estos son los años en los que el alma del hijo deberá nacer del alma de la Madre. Luego de tal nacimiento, ningún poder del mundo podrá vencerlo. En esta vida, el hombre extrae poder e inspiración de estos 7 a 9 años de su niñez.

En una ocasión oí decir a un Sabio que lo supremo que una Madre debe dar a su hijo es un *carácter noble:* un carácter que, como un diamante, pueda soportar las presiones y tentaciones de la vida y mantener su naturaleza brillante y bella.

La Madre puede construir virtualmente un escudo alrededor de su hijo, y ése es el carácter. Un carácter noble se construye dentro del hijo cuando la Madre, con su amor creador, pone en acción el aspecto espiritual del hijo y enciende una visión de nobleza, belleza, generosidad, sencillez, dignidad, fortaleza y compasión. Ese hijo será digno en cualquier circunstancia y nada le afectará, pues de modo misterioso siempre saldrá airoso y victorioso de multicolores tentaciones.

Recuerdo cómo mi Madre solía crear en mí independencia y esfuerzo. Por ejemplo, una vez por año había fiestas deportivas. Centenares de jóvenes solían participar en esta fiesta. Yo integraba el equipo de salto alto y carrera de cien metros. Gané la carrera de cien metros y fui el campeón, pero resulté segundo en el salto alto.

Mi Madre no había asistido a la fiesta, pero se enteró de todos los resultados antes de que yo se lo dijera. Echándome una misteriosa mirada, me dijo: «Esta noche habríamos cenado si hubieras ganado el salto en alto».

«Bueno», le dije, «se me aflojó el calzado cuando estaba saltando, y por eso golpeé la barra, pero entré segundo...».

«Lo sé, pero pudiste ser el primero», y ofreciéndome un trozo de pastel, se sentó conmigo y me contó la siguiente anécdota:

Había un castillo en el que dos hermanos vivían con su Madre. Estos hermanos eran grandes guerreros y tenían un ejército de soldados.

Un día, un enemigo de los hermanos atacó el castillo, pero fue rechazado. Pasado un tiempo, el enemigo reunió nuevas fuerzas y atacó nuevamente el castillo.

Los dos hermanos embistieron otra vez con sus soldados e hicieron retroceder al enemigo unos dieciséis kilómetros, matando a algunos de ellos. La batalla duró todo el día, fue muy encarnizada, y los hermanos fueron heridos. Los hermanos pensaron que podrían volver al castillo mientras sus soldados todavía luchaban. De modo que regresaron y golpearon la puerta para que los dejaran entrar. La Madre acudió y preguntó quién estaba allí. Le contestaron: «Somos tus hijos, estamos heridos y casi perdimos la batalla».

«No tengo hijos que huyan o sean derrotados», replicó la Madre.

«Madre, por favor».

«No tengo hijos».

Ambos hermanos, inspirados por la bravura de su Madre, volvieron de prisa a la batalla y dieron nuevo coraje a sus soldados. Hacia el amanecer, estaban exhaustos pero victoriosos.

Cuando regresaron con el resto de sus soldados, la Madre abrió las puertas del castillo y dijo: « Sólo a los victoriosos se les permite entrar por estas puertas.»

Los antiguos solían llamar la «inspiradora de los héroes» a la Madre.

La Madre deberá inspirar siempre fuerza, independencia, dignidad, y un sentido de justicia en sus hijos, pues dentro de éstos, a la espera de volver a ser estimuladas, existen semillas de muchos peligros. Los hijos traen sus deudas kármicas de vidas anteriores a su vida presente, y sabedores de esto, no nos acercamos a ellos como ángeles sino como seres humanos que necesitan guía correcta.

Es desde el tercero hasta el cuarto año de vida que la Madre deberá poner en marcha sistemáticamente la construcción del carácter del hijo. El carácter del hijo es construido, primero, mediante el *ejemplo* de la Madre. La Madre tiene la enorme responsabilidad de ser ejemplo para el hijo, pues un hijo no podrá *ser* a través de lo que una Madre dice, sino a través de cuanto la Madre *es.* Una Madre puede decirle muchas cosas bellas a su hijo, cantarle cuando lo está bañando, narrarle montones de cuentos de hadas y anécdotas, pero si el hijo no ve los principios y la belleza en la vida de la Madre, surgen contradicciones en su mente y se convierte en un inconsecuente y en un fracasado. El hijo puede pensar: «Mamá *dice* cosas buenas, pero mamá *hace* cosas malas». Por tanto, el hijo piensa que también puede hacer ambas cosas: «Yo puedo *decir* cosas buenas y *hacer* cosas malas porque mamá hace eso».

Hay unas pocas virtudes que la Madre debe poner como ejemplo y, mediante anécdotas o cuentos de hadas, sembrar en la mente del hijo. Estas virtudes son las siguientes:

- Amor por la belleza.
- Amor por las criaturas vivientes.
- Gratitud.
- Intrepidez.
- Sentido de la justicia Nobleza.
- Solemnidad.
- Esfuerzo.
- Alegría.
- Paciencia.

Cuando estas virtudes se presentan al niño a través de anécdotas, de cuentos de hadas y del ejemplo, serán una apelación al alma de ese niño y hará que el alma empiece a controlar la personalidad y la vida de éste. La consciencia del niño se expande a la par que el alma gana cada vez más control sobre los vehículos de su personalidad.

Mediante semejante preparación, la futura generación se ahorrará constantes delitos y guerras.

Algunas personas tratan de controlar a sus hijos mediante temor y sobornos. Esta es la técnica más peligrosa, que paraliza al niño o lo convierte en un marginado. En algunas aldeas en las que viví, a los hijos se los manejaba del mejor modo posible. Solían pensar que un hijo no necesitaría castigos si los padres le dieran la educación correcta, lo manejasen con amorosa comprensión, y lo protegiesen de las malas influencias.

Cuando un hijo era castigado, la gente solía pensar que los padres de esa criatura necesitaban educación porque de algún modo no lograron criar a su hijo del modo adecuado.

Los niños están muy abiertos a las virtudes porque su personalidad no está todavía sobrecargada con los espejismos e ilusiones del mundo, y el alma no está todavía hundida en la materia.

Los niños solían jugar principalmente con y en la Naturaleza: lagos, ríos, bosques y animales. Se les daban juguetes con gran discriminación. Eran principalmente pelotas e instrumentos musicales, o bloques de madera y ruedas de varios tamaños. Asimismo, cuentas de colores, botones, mármoles, brazaletes, anillos, collares y lápices. Los niños usaban estos objetos para construir y crear de acuerdo con su imaginación.

Los mayores tenían muchísimo cuidado de no permitir como juguetes animales o figuras humanas desfigurados o deformes. Esto se aplicaba también a las imágenes de las tarjetas o dibujos. Desechábase todo lo que estaba fuera de proporción o desfigurado como un juguete insalubre o como un insulto al Creador.

Nuestros niños americanos están cargados de juguetes, son muy conscientes de éstos y ansían tenerlos, por lo que necesitan poseer continuamente nuevos juguetes a fin de estar contentos y felices.

Pasadas las fiestas, es dable ver a los niños que se visitan, juegan entre sí y muestran sus juguetes con gran orgullo: sus ametralladoras, fusiles, pistolas, bombas, varias armas de guerra, animales y muñecas desfiguradas, etc., etc... y si no les compran nuevos juguetes, se muestran resentidos e infelices durante largo tiempo.

En las comunidades que visité en Asia, no creían en los juguetes. No existían negocios que acostumbraran fabricar o vender juguetes para los niños.

A través de los años he observado a niños que tenían sus habitaciones llenas de juguetes, y niños sin juguetes. Los niños sin juguetes comerciales eran más creativos, más artistas, más sensibles, y tenían espíritu de gratitud, mucho más que los que estaban llenos de juguetes. También eran muy sociables. Solían jugar entre sí y crear sus propios juegos para jugar con sus hermanas y hermanos, madres y padres, y participar en todas las labores del hogar.

Los niños sin juguetes artificiales tenían sus juguetes, pero ellos mismos los fabricaban con sus propias manos.

Una vez, mis amigos y yo fabricamos un bote para el río. Nos llevó seis meses construirlo, y a eso consagramos todo nuestro tiempo libre. Aprendimos muchas cosas nuevas cada vez que tratamos de mejorarlo. Tal labor suscitó un espíritu creativo que nacía desde adentro de nosotros. Más tarde, fabricamos un coche y hasta un piano para tocar nuestra propia música. Aumentamos nuestros instrumentos hasta incluir tambores, gaitas, silbatos, címbalos, violines y guitarras; todo esto lo fabricamos nosotros mismos. Fabricamos nuestro teléfono y señales especiales para comunicarnos entre nosotros. Todavía recuerdo el alfabeto especial que creamos siendo niños, a fin de comunicarnos secretos.

Quienes tienen juguetes comerciales, en algún sentido bloquean su creatividad, su espíritu de adaptación y su trabajo de grupo, e ingresan a un mundo de satisfacción, apego, dependencia, aislamiento y fantasía.

Cada hijo tenía que ocuparse también de ayudar a sus padres. Los niños de 1 a 5 años de edad solían jugar, pero los niños mayores de esa edad jugaban ayudando a sus madres y padres. Los ayudaban con los animales, los caballos, borricos, pollos, cabras, vacas, becerros, o los ayudaban en la jardinería, las reparaciones, la pintura, la construcción, trabajando con ellos durante las vacaciones.

A los niños holgazanes y a los que solían vagar por las calles se los consideraba fracasados, y las autoridades los vigilaban con cuidado.

Mis años gozosos y creativos tocaron a su fin repentinamente un día de Año Nuevo cuando mi tío me trajo un oso de la ciudad. Mi Padre solía llamar a mi tío un «hombre de la ciudad», lo cual significaba artificial y mecánico. Ese oso tenía tal apariencia de realidad que pasé largo tiempo antes de tocarlo.

Yo estaba muy nervioso con el oso, y cuando miré a mi Madre y con mi mirada la invité a que compartiera mi alegría, descubrí que ella estaba muy indiferente, como si me hubieran hecho algo malo. Pero ella no podía impedir eso porque lo había hecho su hermano a quien hacía diez años que no veía.

La insté todo lo que pude a que se uniera a mi alegría y emoción, pero la encontré esquiva, indiferente y triste.

Mi tío miraba a mi Madre con turbación y a mí con felicidad.

Más tarde oí que mi Madre le decía a mi tío: «Le pudiste haber traído ropa, zapatos o algunas herramientas, pero no un juguete, una imitación…».

«Pero, hermana, ¡eso le gustaba mucho a él!», contestó.

«Lo sé».

Se desarrolló en mí un miedo tal a perder a mi oso que casi me convertí en su niñero. Me aislé y desarrollé fríos sentimientos hacia mi Madre, mis hermanas y mis amigos, y también inconscientemente hacia mi tío por herir los sentimientos de mi Madre.

El oso estaba siempre conmigo, y debido a que yo estaba identificado con él, todos los silenciosos rechazos de mi Padre y mis hermanas hacia el oso eran rechazos respecto de mí.

Mi Padre se mantuvo alejado de esta complicación y sólo una vez dijo: «Te voy a traer un caballito. Sé que te gustará».

«¿Cuándo?», le pregunté.

«Tal vez la semana que viene».

«Podré montar a mi caballito con el oso?».

«Si prestas toda tu atención a tu caballito para que no te caigas con el oso…».

«Lo haré…».

Llegó el caballito, pero mi oso lo montaba más que yo.

Pasó un año, emigramos del pueblo a una gran ciudad que estaba a unos 800 kilómetros, una ciudad moderna de dos millones de habitantes. Yo tenía seis años. Empacaron todo, salvo mi oso. Era casi un andrajo, desgarrado en varios sitios. Yo quería llevármelo, pero tuve vergüenza y pensé que era muy viejo. Me sentí triste, pero me controlé pues estaba algo emocionado por el viaje, el mar, los barcos, los grandes puentes, la gran ciudad y los departamentos...

Los muebles estaban en un camión que había partido media hora antes. Estábamos un poco atrasados porque mi Madre quería despedirse de todos nuestros vecinos.

Cuando estábamos listos para marcharnos, papá nos miró a todos y dijo: «¿Está todo en orden? ¿Nos marchamos?».

Mi hermana mayor contestó: «Todo está en orden, pero echemos una ojeada a nuestra casa por última vez y despidámonos de ella antes de que nuestro coche parta».

De modo que volvimos para echar otra mirada a nuestra casa... y vi a mi oso en la ventana ¡con su mano en alto diciendo adiós!

Me abalancé sobre mi hermana, y mientras yo lloraba en silencio, me puse a golpearla hasta que mi papá me alzó y estrechó en sus brazos. Al principio, nadie comprendió el por qué. Luego, mi Madre miró a mi hermana y le dijo: «Tú lo pediste. Vámonos».

Durante muchos días no comí ni hablé.

Un día, mi Padre me llevó a un parque de la nueva ciudad y me dijo: « Sabes que ahora has crecido. Comprendo tus sentimientos acerca del oso, pero...».

«Papá, no se trata del oso...».

«De qué se trata entonces?... Lo sé, pero no podíamos hallar el modo de librarnos de él... tu oso te extraía demasiada energía y casi se convirtió en una entidad... Te volviste frío, negativo e indiferente con tus amigos...».

«Pero mi hermana...».

«Oh, ella estaba usando un método equivocado para apartarte de algo irreal que tú convertiste en real… y, ¿sabes?, mientras estuviste con tu oso nunca acudiste a mí ni me pediste que te contara anécdotas de grandes héroes, como solías hacerlo. Ahora vas a empezar una nueva escuela, y quiero que te hagas de amigos y seas el mejor».

Me sentí avergonzado, y papá, para curarme más, me dijo: «A medida que crezcas comprenderás lentamente que en este mundo nada es digno del apego de nuestro corazón… empéñate en una vida creativa, en la alegría y la belleza…». Y poniendo su mano en mi hombro, añadió: «En realidad, los juguetes comerciales derrochan tu tiempo, pero si tú mismo creas un juguete, ganas tiempo, porque aprendes cómo materializar una idea. Los mejores juguetes son los que pueden utilizarse para algo…».

Pasaron muchísimos años; todavía había alguna herida en mí.

La vida me llevó lejos de mi familia durante muchos años.

Luego de dieciocho años de ausencia, volví a verla por última vez. Durante unos pocos días, muchos parientes y viejos amigos me fueron a visitar. Fue en el último día de visita que papá y yo fuimos a la montaña para conversar seriamente.

Papá estaba tan hermoso como antes, y al terminar nuestra conversación me miró con una gran sonrisa y me abrazó. Luego, señalando al cielo, me dijo: «Allá está tu amigo».

No entendí y le pregunté: «¿Mi amigo?».

«Sí, mira atentamente… ¡allí!». Apuntó con su índice a la Osa Mayor. Miré a mi papá, y todo mi pasado volvió a mi corazón… mi oso diciéndome adiós… mis ojos manando lágrimas. «Papá ¿por qué trajiste esto de nuevo a mi memoria?». Guardó silencio un rato y luego me dijo: «Bueno, todavía había tensión en ti; quería reemplazar tu oso con la Osa Mayor… Ese es el juguete real con el que tienes que jugar». Y habló de las siete estrellas, de los siete Rishis y de las siete Pléyades a las que ellos amaban…

Yo admiraba muchísimo el modo con que mi Padre me hablaba. Lo miré con gran amor y respeto, y le pregunté: «Me pregunto por qué nunca te inmiscuiste en el incidente del oso…».

«Bueno, en casa todos tenían una lección que aprender y algunos ajustes que realizar».

«Entonces, ¿por qué no me aconsejaste?».

«Te aconsejé un poco, pero mi política consistía en no inmiscuirme si las cosas no eran críticas, o si había implícita demasiada emoción. Y tampoco es fácil encontrar el modo correcto y el momento adecuado para inmiscuirse, pues las emociones no son fáciles de entender, y es difícil hablar con ellas el lenguaje apropiado. En el caso en que estén implicadas demasiadas emociones y demasiadas personas, mi política era, y es, aguardar hasta que parte de esas emociones se agoten y haya alguna evidencia de que se usará el pensamiento.

»La interferencia prematura no permite que la gente piense, y cuando no aprende, tu consejo es rechazado. Asimismo, lleva tiempo estudiar la psicología de la gente para preparar el mejor modo de ayudarla».

Puso sus manos en mis hombros, y descendimos la montaña en silencio. Esta fue la última vez que vi a mi papá.

Había un tema importantísimo en el que los hombres y mujeres mayores ponían mucho énfasis. Era cómo crear respeto y confianza en los hijos hacia sus padres, y cómo animar a los hijos en su buen comportamiento y buena conducta sin adularlos.

Para crear respeto y confianza en los hijos hacia los padres, se le enseñaba a los padres a no discutir, pelear ni mostrar modales irrespetuosos frente a los hijos.

El chisme estaba prohibido; estaba prohibida la crítica; estaban prohibidos los chistes groseros entre marido y mujer o entre los padres y otras personas.

Se suponía que los padres sembraban dudas en las mentes de los hijos acerca de su amor y confianza recíprocos. Todo acto irrespetuoso de los padres, efectuado en presencia de los hijos, se consideraba una conducta muy desvergonzada y se lo tomaba como un ataque a la integridad de éstos.

La cólera y el odio también se controlaban muchísimo en presencia de los hijos.

Se esperaba que los padres fueran honrados con sus hijos. No debían prometer si no podían cumplir su promesa. Jamás debían mentir a sus hijos. Jamás debían robar ni hacer que sus hijos los juzgasen seres humanos no confiables.

Los hijos perciben instintivamente la honradez de sus padres. Tienen un sentido puro de la justicia y de la armonía, y gustan más de la unión que de la desunión.

Con tal conducta, los padres solían despertar confianza y respeto en los hijos.

Cuando los niños crecen, salen a la superficie muchos trastornos psicológicos, y éstos, en su mayoría, tienen como origen la falta de confianza en sus padres.

Las relaciones de los hijos entre sí, y luego con la sociedad, se tornan defectuosas, esquivas y no constructivas cuando aquéllos no tienen confianza en su corazón hacia su Padre y su Madre.

Consideramos a los niños seres humanos jóvenes y no desarrollados, pero olvidamos que los niños registran todo lo que experimentan y este registro es más impresionable y eficaz en sus años de crecimiento que en la vida adulta. Las impresiones que se reciben en la niñez son casi imborrables.

La confianza de los padres permite que un niño tenga confianza en el valor humano. Esto es importantísimo. Nuestras malas relaciones con los demás se basan, en su mayoría, en la actitud de la gente que no tiene valor. Si perdemos nuestra fe en los seres humanos, empezamos a manejarlos, explotarlos y usarlos para nuestros placeres o a desecharlos cuando no sirven más a nuestros fines.

El cimiento de la confianza en los otros seres humanos sólo podrá construirse mediante la confianza que nuestros padres despiertan en nosotros durante nuestros primeros años.

Los educadores solían creer que las buenas acciones de los niños deben estimularse, pero sin halagarlos. La zalamería se consideraba un mal.

Solían definir tres palabras: estímulo, aprecio y zalamería.

Cuando un hijo ayudaba a su Madre, o ayudaba a alguien, se lo recibía con una sonrisa y abrazos, pero de inmediato se lo ponía al tanto de cuánto podía haber hecho aún, en el hogar y fuera de él. Toda buena acción era una oportunidad para que Padre y Madre recordasen al niño sobre otras necesidades que debían satisfacerse. Los padres usaban los ejemplos de los grandes héroes o servidores que realizaron grandes acciones. Esto era estímulo.

El aprecio se le expresaba al niño haciéndole saber cuánto tiempo, energía, dinero y ansiedad ahorraba a los demás realizando una buena acción. Solían explicar que toda buena acción se realiza en favor de todos, afecta a todos y todos se benefician con ella, y, a su tiempo, todas las buenas acciones hacen que la vida sea más bella y digna de ser vivida. Esto era aprecio. La zalamería se explicaba como una actitud por medio de la cual el orgullo, la vanidad y el ego del niño eran sobre-estimulados, como si sólo él pudiera hacer algo grande y fuera el único, porque «tú eres nuestro hijo, y por tanto lo más grande que camina sobre la Tierra».

La zalamería es una actitud que presume que lo más importante al obrar bien es el reconocimiento de los demás, antes que la buena acción en sí misma.

Los niños educados en la zalamería y falta de respeto hacia sus padres se convierten, a su tiempo, en problemas para la sociedad y para sus escuelas e iglesias.

El respeto y el aprecio contribuyen, en el niño, a adquirir confianza en sí mismo. Constituyen dos virtudes importantísimas, a partir de las cuales será posible lograr una vida plena.

Antes que un niño llegara a los catorce años de edad, se le brindaba información sobre el sexo a través de sus tías y tíos, quienes le explicaban la función real de los órganos sexuales y el impulso para producir generaciones futuras, si era necesario. Los aspectos emocionales no se tocaban hasta que el niño estuviera preparado para manejarlos.

Recuerdo que mi tío respondió unas pocas preguntas mías sobre animales, y le entendí muy bien. No existió emoción ni excitación debido al modo en que me lo explicó: una función complicada y natural para perpetuar la especie.

Cuando un niño llegaba a los catorce años de edad, empezaba el curso de cinco puntos acerca de las responsabilidades cuya primera etapa era la lección del sexo. Este curso se dividía en seis clases:

1. La función de los órganos.
2. El cuidado higiénico de los órganos.
3. La pureza moral.
4. Los peligros de varias clases debidos al mal uso.
5. El control y el dominio de los deseos e impulsos sexuales prematuros o sobre-estimulados.
6. Los beneficios del control moral.

Los padres y maestros solían explicar fisiológica y esotéricamente por qué no hay que implicarse en relaciones sexuales antes de tener entre 18 y 21 años de edad. Esta cuestión me interesó muchísimo, y quise más explicaciones de mi Padre.

«Bueno», me dijo, «tenemos tres vehículos: el cuerpo etérico que sostiene al cuerpo físico como su escudo y contraparte eléctrica; tenemos el cuerpo emocional que es otro mecanismo de contacto emocional y aspiracional; y el cuerpo mental que existe para aprender las leyes de la Naturaleza, para tomar contacto con las energías superiores y usar el poder de la voluntad para llevar una vida sobre la Tierra en la que se tenga una finalidad. Ahora bien, en un niño, estos vehículos no están plenamente integrados y alineados hasta los 21 años de edad. Las niñas alcanzan esta integración a los 15 o 16 años de edad, a fin de prepararlas para los deberes de la maternidad. Entre los 13 y los 21 años, el cuerpo usa la energía sexual para conectar, relacionar, integrar y fusionar estos cuerpos de modo tal que actúen como una unidad. La relación sexual prematura impide tal integración, y la unificación de los cuerpos se demora o no se alcanza nunca. Como resultado de esto, la persona no tiene coordinación en su naturaleza, no está cohesionada. Hay en su naturaleza brechas de comunicación, como una máquina que no funciona adecuadamente en sus movimientos rítmicos y cíclicos.

»Cuando ocurre esto, el cuerpo, las emociones y la mente son proclives a ataques de gérmenes o fuerzas psíquicas; recuerda que la unidad es energía. Por otra parte, un mecanismo no integrado no puede transferir energía adecuadamente. No puede transferir la Luz, cuya dirección proviene del Alma hacia el cerebro, y carga a la sangre y las glándulas, y debido a una falta de coordinación avanzada y perfecta entre los cuerpos y el Alma, el hombre no puede recibir guía, y su vida corre sin una finalidad, sin una meta, y se convierte en un problema para sí mismo y para los demás. Las naciones degeneran cuando los jóvenes desperdician prematuramente su energía sexual».

Estas explicaciones eran, a la sazón, muy serias para mí. Yo tenía 14 o 16 años de edad, y mi Padre puso su mano sobre mi hombro y me dijo: «Espero que puedas ver algunas sugerencias en mis palabras».

«Sí», le dije, «lo intentaré... hasta que tenga 21...». Luego, pausando por un momento, le abracé diciéndole: «Porque te quiero, seguiré hasta los 24. No te preocupes por mí».

«Si haces eso», me contestó, «verás cómo el ahorro de tu energía sexual mantendrá alerta tu mente, te permitirá captar fácilmente ideas nuevas y nuevo conocimiento, dará energía a tus ojos, energía para combatir las circunstancias adversas de la vida, y siempre un espíritu esforzado en pos de la belleza, la bondad, la verdad y el servicio. Esa energía la necesitas en tus estudios secundarios y universitarios; sin ella, te faltará fuerza física, mental y moral».

Se supone que la masturbación es un método de liberación de la tensión sexual. En las comunidades donde yo viví y a las que visité, se condenaba severamente la masturbación, y se daba a jóvenes y adultos toda clase de consejos para que se apartaran de ella.

Decían que la masturbación se parece a hacer rotar un motor sin aceite o a poner en cortocircuito un sistema eléctrico. Pensaban, además, que la masturbación vacía también a la persona de su energía física y psíquica. Debido a esto, la persona pierde su magnetismo e interés por los demás, impidiendo las correctas relaciones con amigos, esposas, esposos, y con la comunidad, y bloqueando el contacto de esa persona con su Alma.

Uno de mis maestros me dijo que la masturbación debilita a los cinco sentidos y vuelve a la persona proclive a la irritación y a la negatividad. También me dijo que la masturbación crea tensión en el cuerpo etérico e interrumpe la circulación armoniosa de la energía entre los centros y las glándulas. Especialmente, agota la energía de los pulmones, de la garganta, la columna vertebral y el hígado.

A los jóvenes se les daban instrucciones especiales sobre cómo ir a dormir. Por ejemplo, se les decía que durmieran con las manos y los brazos fuera de las mantas, que vistieran pijamas o ropa interior sueltos, que se lavaran a menudo con agua fría, que nadasen en lagos y ríos, e interrumpieran todo género de imaginación sexual. Con frecuencia, antes que los jóvenes se fueran a dormir, se les contaban anécdotas de grandes personajes.

Por la mañana, tanto niños como adultos solían levantarse media hora antes del amanecer. Acostumbraban decir que permanecer en la cama hasta tarde genera imaginación sexual. En algunos monasterios a los jóvenes se los despertaba con música, y luego de dirigirse al baño, se los llevaba al río para que nadaran.

La prueba para determinar si los niños se masturbaban era la siguiente: cada uno tenía que extender su brazo y su mano y luego separar bien sus dedos. Si los dedos se movían o sacudían, entonces sabían que esa persona estaba practicando la masturbación.

Solían hacer que la persona permaneciese apoyada en un solo pie y observaban si se sacudía. O le hacían mirar un sitio en la pared sin pestañear: si salían lágrimas, esa era una mala señal.

Si la persona joven trataba siempre de estar sola consigo misma o perdía interés en aprender, o si su capacidad mental se retrasaba o rebajaba, estas eran también señales de masturbación.

En algunos monasterios tenían meditaciones especiales para sublimar el impulso sexual mediante actividades creadoras.

Cierto día, mi Padre y yo volvíamos de una conferencia pronunciada por un anciano de 117 años. Le pregunté a mi Padre: «¿Cómo llegó a estar tan despierto, dinámico y entero a su edad?». Mi Padre me contestó: «Se casó a los 24 años, y su esposa falleció cuando él tenía 65 años. A los 85 se casó de nuevo con una muchacha de 18 años y tuvo dos hijos...». «Sí», le dije, «pero ¿cuál es el secreto de tan larga vida?». «Es sencillo», dijo mi Padre, «parquedad en la alimentación, celibato cíclico, pensamientos elevados, esfuerzo, corazón amoroso, y paz en el hogar».

Todavía veo a aquel anciano en mis recuerdos como el símbolo del hombre y del esposo que, al terminar su disertación, dijo: « Vendrán muchos lobos a estimularos para que sigáis una vida degradante de derroche de vuestra energía, vuestro tiempo y vuestra juventud. No los escuchéis. El sendero de la felicidad, la salud y la prosperidad es el sendero del dominio de vuestra naturaleza. Proclamad este principio por doquier, aunque en ocasiones no logréis vivir de acuerdo con esta norma».

Antes de marcharme del país de mi juventud, visité la tumba de este hombre que murió a los 127 años de edad. En su lápida quiso que el pueblo leyera las siguientes palabras: «Para vivir más debes empeñarte en procura de lo supremo. Si continúas hacia lo supremo, un día no morirás».

En las escuelas especiales de los monasterios, el curso de responsabilidades de cinco puntos era un salvavidas para centenares de jóvenes. Pero nosotros podemos realizar incluso un trabajo mejor en nuestros colegios y universidades con sus modernas instalaciones. Se enseñará la anatomía del sexo, no como una trampa para el sexo y la relación sexual, sino como una función muy complicada y preciosa de la naturaleza que podría producir resultados superiores si fuera acompañada por emociones elevadas y una conciencia en expansión, y se la manejara en favor del bien de la sociedad.

Hasta que, en el mundo o en la sociedad, cierto grado de condiciones negativas sea eliminado, no podremos criar a nuestros hijos de un modo deseable. Se procura construir algo bueno en la escuela, pero los padres, los amigos del niño, la televisión, las películas, la literatura, todos lo destruyen al día siguiente. Hasta que maestros y padres consagrados protejan a sus estudiantes y a sus hijos de la contaminación de la televisión, las películas, la radio, la mala literatura y de otras influencias destructivas, jamás tendremos una generación mejor.

De nada vale decirles a los niños que no maten cuando veinticuatro horas por día pueden ver crímenes y guerra legalizada por la televisión o en otras formas de medios de comunicación.

Debemos evitar que nuestros hijos usen drogas, aunque muchos niños lo hacen, pues no tenemos medios para detener su venta, o existen solapados derechos legales que a los delincuentes les permiten venderlas.

Hasta que no se logre cierto grado de control sobre la fuente de estas contaminaciones, tendremos un tiempo dificilísimo para criar a nuestros hijos con las normas que deseamos. Cuando los niños sufren fuertes presiones para optar entre la contaminación y una vida idealista, a su tiempo los engranajes de su vida mental y moral se aflojan y se convierten en personas insignificantes o confundidas que pueden ser utilizadas con cualquier finalidad.

Había una película en la que un sacerdote trataba de explicarle a un joven que el perdón era mucho mejor que la venganza, y para reforzar su consejo, le dio al joven una Biblia para que la leyera. El joven abrió la Biblia y leyó: «Ojo por ojo...», salió y mató a sus enemigos.

¿Cómo se podrá grabar en el hijo un amoroso perdón y demostrarle que el perdón es más económico, favorable a la supervivencia y beneficioso que la venganza, cuando a ese hijo tales películas lo impulsan a que se vengue de sus enemigos?

Si un niño no puede perdonar debido a la imagen de venganza que los medios de comunicación le inculcaron, ese jovencito es una casa dividida dentro de sí misma: es por eso que nuestros jóvenes, en su mayoría, están confundidos y no tienen metas en sus vidas. No podemos curar a un árbol a través de sus hojas, sino a través de sus raíces.

¿Cómo podremos enseñar amor a un niño cuando se hace propaganda del odio día y noche? Debemos iniciar acciones para impedir todas las cosas que van en detrimento de la salud física, moral y espiritual de nuestros hijos, antes que podamos esperar resultado alguno de nuestra ardua labor en favor de los niños.

Por supuesto, esto no significa que esperemos educar a nuestros hijos del modo correcto cuando estén aniquiladas todas las malas influencias. Sería infantil pensar así, pero debemos cumplir con nuestras responsabilidades del mejor modo que podamos y no perder oportunidad alguna de impedir las corrientes degenerativas de las influencias criminales y contaminantes. A menos que hagamos esto, salvaremos a dos niños y perderemos a doscientos.

Cuando hablamos de malas influencias aniquiladoras, lo hacemos acerca de intereses organizados que ganan fortunas a través de sus películas criminales o violentas, de su literatura y de otros medios de comunicación. Esos intereses son bastante poderosos como para destruir todo esfuerzo organizado contra ellos. No es fácil salvar a un niño y volverle realmente humano; es una tarea hercúlea liberar a nuestros hijos de sus manos tenebrosas.

El otro día estaba yo leyendo acerca del incremento de la pornografía infantil en nuestro país. A miles de niños se les enseña sistemática y prácticamente cómo experimentar el sexo en sus diferentes formas. ¿Qué hemos de esperar de estos niños cuando su energía e interés se concentran en sus órganos y placeres inferiores? Creo que debemos describir estas malas influencias a nuestros hijos, mostrándoles cómo aquéllas afectan su salud, su felicidad y su futuro; cómo podrán perderse y caer en una trampa de la que será muy difícil que se liberen.

Debemos analizar las películas y los programas televisivos con nuestros hijos y mostrarles las sutiles sugerencias ocultas en los gestos, las sonrisas o la risa. Debemos revelarles las motivaciones existentes detrás de todas esas cosas para que, a su tiempo, discriminen y escojan su camino: pero esto deberá realizarse, no con un «espíritu misional» sino de un modo limpio, analítico y científico, que se base en la prueba.

Creo que los niños deben enterarse de los crímenes que ocurren en el mundo contra la raza humana, no sólo contra alguna raza o nación en particular. A los niños de la Nueva Era se les revelará el mal mundial para que sepan dónde realizar su labor, pero la información que reciban no debe basarse en odios nacionales o raciales.

Muy a menudo, nuestros hijos, si no se los pone al tanto de la situación del mundo, se paralizan moralmente cuando repentinamente advierten lo que está ocurriendo en él. Desde la niñez, deberán ver lo malo que es el espíritu separatista y sus crímenes consiguientes, y deberán prepararse para accionar contra este mal.

A los niños de la Nueva Era se les deberá exigir que limpien el planeta y la humanidad de todas las actividades destructivas para que, a partir de este desafío, desarrollen un espíritu valiente capaz de transformar el planeta en bien de la humanidad.

Si no detenemos el origen de la contaminación moral tratando de construir un buen carácter en nuestros hijos, entonces, una vez alejados de nuestra influencia, la mayoría de ellos caerá en la trampa de integrarse a la vida delictiva que nos rodea. Sólo un pequeño porcentaje -los construidos del modo correcto antes de nacer y durante su niñez- escaparán de las tentaciones y sortearán las pruebas a fin de ser los conductores de futuras actividades de liberación.

Esta no es una imagen de desaliento, sino una imagen de desafío. Debemos conocer la causa de la enfermedad para poder curarla. No basta tener médicos, hospitales y policía: *es* imperativo eliminar las *causas* de las enfermedades y los delitos. Incrementar el número de técnicas para curar los problemas no indica necesariamente progreso si la enfermedad y el crimen van en aumento.

En realidad, todo lo bueno que se realiza no se pierde, pues un día la semilla buena germinará. Pero para obrar mejor, deberemos averiguar la causa de los delitos: por qué este niño roba… tal vez carezca de las necesidades fundamentales de la vida. Si proveemos a esas necesidades, eliminaremos en ese niño la propensión al robo.

¿Quién es el niño? Además de ser el vástago de la Madre, el niño es la nación, es la humanidad. Si la mujer aboga por los derechos del niño, por la supervivencia y el bienestar de ese hijo, entonces se habrán aniquilado todas las guerras y todos los delitos. Cuando oímos decir: «Volvamos a lo básico», eso significa que la base es el comienzo, el sitio donde las cosas se ponen en marcha. Si el comienzo no es correcto, como, por ejemplo, cuando empezamos un viaje y nos equivocamos de ruta, nos encontraremos en una localidad a la que no teníamos intención de ir.

VIII

EL PADRE

Luego que el hijo cumplía los tres años de edad, el deber del Padre era ponerlo en contacto con la naturaleza, los lagos, ríos, océanos y bosques, e inspirar al niño con la belleza de aquélla.

Su siguiente deber consistía en criar al niño espiritualmente, tratando de enseñarle lo básico del Alma, la reencarnación, la ley de *karma* y la presencia de Cristo. Estas eran las cuatro piedras de toque de toda familia bella.

Su siguiente deber era educar al niño en las siguientes virtudes:

- Valentía.
- Osadía.
- Paciencia.
- Gentileza.
- Generosidad.
- Servicio sacrificado.
- Nobleza.
- Gratitud.

Se le enseñaba esto mediante parábolas y anécdotas que el niño recibía de los mayores de la comunidad, de sus padres y maestros. Al niño se lo instruía en juegos y deportes, o creando condiciones adecuadas y estimulando las virtudes desde su corazón.

Cuando decimos «Padre» no nos referimos a una ley biológica o fisiológica. Se podrá engendrar un hijo, pero no se podrá *ser* un Padre a menos que se tenga responsabilidad y consciencia que den el derecho a ser llamado «padre». La paternidad es completa cuando el Padre no sólo participa en la acción para producir un ser físico, sino cuando también ayuda a que nazca la naturaleza emocional, mental y espiritual de su hijo. Y esto es importantísimo.

Cuando se celebra el Día del Padre, lo más importante que un Padre ha de ver es cómo es él con sus hijos, con su esposa, con su guía espiritual, o, en conjunto, cómo es él con Dios, Quien es el Padre de todos.

Un hombre debe estar calificado para ser Padre de verdad. La paternidad le da a un hombre oportunidad para que aporte lo máximo, para hacer que se esfuerce, para que convierta su vida en un campo de servicio y un modo de satisfacer las necesidades de la gente que lo rodea.

Tratando de satisfacer las necesidades de los demás un Padre avanza por su sendero evolutivo. Es por eso que los Grandes Seres, al hablar de la paternidad, dijeron que la máxima escuela de un hombre es su familia y que la familia es *sagrada.* Es importantísimo que el hombre, en su hogar, en sus relaciones con sus hijos y su esposa, atraviese por esa disciplina para que la joya que hay en él empiece a irradiarse muy lentamente hacia el exterior.

Un hombre puede ser una persona muy egoísta, o muy buscadora de placeres, o incluso muy holgazana, etc. Pero cuando se casa y asume su responsabilidad con real consciencia, con su sentimiento y su corazón, entonces ese hombre transforma su naturaleza, y la paternidad se convierte para él en una escuela.

Los antiguos creían que todo futuro Padre debía asistir a una escuela preparatoria. De allí el curso de responsabilidades de cinco puntos en los monasterios y comunidades. También en el futuro, el Padre en perspectiva tendrá que asistir a una escuela preparatoria. *En el futuro, no todo hombre podrá ser Padre.* La evolución de la vida va a ser cada vez más elevada, y sólo a los que puedan calificar realmente para la paternidad se les permitirá que «sean padres» de un niño.

En las comunidades, los padres tenían grandes responsabilidades y deberes.

La primera responsabilidad era que el Padre debía estar saludable. Muchos padres no se preocupan por sus cuerpos físicos. Beben, desperdician sus energías, contaminan sus pulmones, y derrochan su tiempo y su dinero. Un Padre tenía que mantenerse realmente sano para que pudiera cumplir con todas sus otras responsabilidades y deberes con su familia.

La segunda responsabilidad era la preparación emocional y mental. Esto es muy necesario si un hombre va a ser Padre. Deberá estar emocionalmente maduro. Bondad amorosa, paciencia, valentía, gratitud y nobleza: estas cosas deben ser desarrolladas en el hombre. En lo mental, esperábase que el hombre tuviera aguzadísima aptitud para observar, discriminar y relacionar. También se esperaba que tuviera honradez intelectual. Los antiguos creían que la educación sola no podía crear un hombre mejor, pero que sí lo podían la observación, el pensar y la discriminación. A la gente no le impresionaban los títulos y antecedentes educativos, sino la honradez, el poder de observación, la lógica, y el pensamiento claro eran de suma importancia.

La tercera responsabilidad del Padre atañe a finanzas y dinero. Muchos padres presentan fallas en este ámbito. Alguien se casa y no tiene ingresos, o una muchacha se enamora de un muchacho y dice: «Le amo porque su nariz es tan bonita, su pelo es tan lindo...». Entonces el Padre le dice a ella: «Pero, hija mía, ¿tiene él medios para sostenerte?». «Papá, eso no importa. Le amo...». Y se casa con el muchacho. Pocos meses después, hay un hijo en camino, y el muchacho no tiene medios para sostener a la muchacha o al hijo que viene.

En la preparación para el casamiento, deberá haber un hogar decente. Es muy necesario que el hombre provea esto. Los hijos de la denominada «*Nueva Era*» no se preocupan por tales cosas. Dicen: «Podemos vivir en las montañas», y lo hacen por un tiempo. Luego, cuando los rigores de la vida los golpean, procuran hallar una choza o una cabaña donde sentar cabeza. Pero eso no funciona porque, cuando sus hijos nazcan y crezcan, estos padres se verán obligados a satisfacer las constantes necesidades de aquéllos en cuanto a ropas, habitación, educación escolar, etc. Y si los padres no satisfacen estas necesidades, sus hijos se convertirán en cargas para la sociedad.

Esta es la base: la responsabilidad del Padre es sostener financieramente a la familia. Deberá conocer el arte de las finanzas; debe tener aptitud para mantener una familia, ser un comerciante u otra cosa. Deberá ganar bastante dinero honradamente para proveer adecuadamente a su esposa y a sus hijos.

He visto muchas familias en las que el hombre no podía sostener a la esposa y a los hijos. Estas familias están llenas de emociones, odios, riñas por dinero, peleas, conflicto y caos. Tales familias no son familias verdaderas. En semejante atmósfera, lo que realmente se crea son problemas futuros no sólo para uno mismo sino también para el futuro de los hijos y los nietos. En semejante atmósfera, la salud física, emocional y mental de los hijos sufre tremendamente. Y si no se provee a las necesidades físicas de los hijos, después habrá que poner montones de dinero en hospitales para ellos. O si se eluden o ignoran sus problemas mentales, será uno mismo quien cree el caos para sí y para ellos.

La cuarta responsabilidad es el arte de la comunicación. ¡Esto es tan importante! He visto familias que eran bellísimas y materialmente ricas, pero no tenían comunicación entre sus integrantes. Por ejemplo, un hombre era un ingeniero muy inteligente que llevaba montones de dinero a su casa. Solía comunicarse con su esposa y sus hijos como un toro: «Eh, dame de comer, etc., etc». Luego se sentaba, comía, miraba la televisión y dormía.

Los antiguos vieron cuán importante es que un Padre se siente con su esposa y comparta bellezas y verdades mentales, espirituales, sociales y universales acerca de la vida. La esposa trabaja todo el día en el hogar, o fuera del hogar, y cuando su esposo vuelve a casa, está enterrado en sus dólares o en su trabajo.

«¡Déjame en paz ya!», chilla él. Y la pobre esposa, incluso sentada a la mesa donde están cenando, lo mira para cambiar ideas sobre varios acontecimientos, etc., pero él no está allí mentalmente. Está en los dólares. Está en su negocio, o en su trabajo, o... ¿Y qué ocurre? El corazón de la esposa se enfría lentamente cada vez más, y de a poco todo se destruye. Porque no debemos olvidar que la esposa es el timón de la familia. Por eso es tan importante el arte de la comunicación.

Es especialmente importante que el Padre se siente con sus hijos y converse con ellos, que pase el tiempo con ellos. Una muchacha mencionaba que cada vez que iba a ver a su Padre, éste le daba dinero, pero no le brindaba su tiempo. Ella decía que no quería su dinero sino una oportunidad de pasar un rato con él, de estar con él, de hablar con él.

Un Padre no sólo deberá procrear un hijo, sino que deberá crear también un ámbito de instrucción, una condición, para que este hijo pueda florecer en plenitud.

Las personas que se diplomaban en el curso de responsabilidades de cinco puntos que se ofrecía en los monasterios y escuelas ponían en práctica su conocimiento. Recuerdo al Padre de un niño de ocho años que un día hablando acerca de cuán importante es preparar a los hijos en ciertas virtudes, me dijo: «Debo brindarle mi tiempo a mi hijo pues él es un regalo especial para mí y quiero verlo florecer plenamente». Si usted observa a perros, gatos u otros animales, advertirá que a sus ca chorros les brindan su tiempo para educarlos, volverlos audaces, valientes, despiertos... También debemos brindarles nuestro tiempo a nuestros hijos para enseñarles cómo ser intrépidos pero cautos, amorosos, ahorrativos pero generosos, confiados, pero con aguda discriminación...

Un día en el que yo acampaba con aquel caballero y su hijo, me mostró el modo en que instruía al niño. Mientras cenábamos mencionó que en la vecindad había algunos animales salvajes y que debíamos ser cautelosos; terminada la cena, cargó su revólver con balas inofensivas y le mostró al hijo cómo disparar. El niño lo hizo bien. Entonces, el Padre cargó el revólver con balas y le dijo: «Cuando veas cualquier animal extraño, trata primero de mantenerte calmo y luego dispárale. No necesitas despertarnos si tú estás ya despierto. Tú solo te encargarás».

Esa noche, mientras su hijo se preparaba para dormir, el Padre ató una cuerda a un balón envuelto en un trapo y lo colocó en los arbustos de la cercanía. Fingimos que nos íbamos a dormir y 10 o 15 minutos después el Padre tironeó de la cuerda conectada con el balón, que de inmediato hizo ruido entre los arbustos. El niño levantó su cabeza y en voz baja dijo: «Papá, ¡allá, en los arbustos, hay algo!». El Padre no contestó. Cinco minutos más tarde, el Padre tironeó de nuevo del cordel. El niño se sentó y observó con cuidado, y pocos minutos después tomó el revólver y aguardó… ningún movimiento.

El niño se acostó de nuevo, y pocos minutos después el Padre hizo que el balón realmente se moviera e hiciera ruido. El niño tomó su determinación. Se levantó de un salto y apuntando el revólver hacia los arbustos, dijo: «Si eres humano, ¡aléjate pronto porque voy a dispararte!». Luego esperó y arrojó una piedra hacia los arbustos. No hubo movimiento, pero un minuto después el Padre hizo nuevamente que el balón se moviera entre los arbustos, y el niño disparó el revólver hacia el sitio de donde provenía el ruido y luego corrió de vuelta hasta su Padre y le dijo en voz baja: «Papá, creo que le disparé a algo. Levántate y veamos qué fue eso».

«Oh, hijo mío, tú puedes encargarte de eso» –y acostándose, continuó: «Ve a ver. Ten cuidado. Carga primero tu revólver, y si se mueve de nuevo, dispárale».

El niño cargó el revólver y con mucho cuidado se dirigió hacia los arbustos. El Padre hizo mover el balón. El niño disparó dos veces y al regresar corriendo hasta su Padre le dijo: «Esta vez le di… Creo que es un animal… Hizo mucho ruido…».

«Dejémoslo allí, y por la mañana veremos qué era, pero creo que debemos subir la colina… vamos». Tomamos nuestras mantas y subimos la colina. Mientras Padre e hijo dormían, fui en busca del balón baleado y, de acuerdo con las instrucciones del Padre, lo arrojé en un pozo, y me fui a dormir.

A los niños se les consagraban horas y horas para volverlos valientes, cautelosos y llenos de diferentes virtudes.

Psicológicamente, es por eso que la base deberá ser la comunicación, cómo establecer relaciones con la esposa, con los hijos. Tal vez el hijo esté totalmente fuera de control, pero si se tiene el arte de la comunicación, se encontrarán modos y medios para introducir en el caos que hay en él, algún género de orden. El arte de comunicarse es importantísimo.

La quinta responsabilidad del Padre es darle al hijo un ideal espiritual. Hemos leído en las Escrituras que las naciones que no tienen un ideal perecen. Esta es una importantísima verdad fundamental: si no hay ideal, también se destruye la familia. Muchas veces hemos observado que ocurre esto. Por ejemplo, un médico se casó con una bella bailarina. Tuvieron tres hijos, y la vida de ellos giraba en torno de comer, beber y viajar a Las Vegas. Un día, hablando con él, le pregunté: «¿Hay algún ideal en el que usted se esté empeñando física, emocional y mentalmente en hacer florecer en su familia? Si usted tiene un ideal, si su familia tiene un ideal, entonces ese ideal le contempla, como el Sol brilla sobre el capullo de flor y abre sus pétalos... usted se abre hacia la belleza de un ideal».

Me dijo que no sabía de qué le estaba hablando porque él sostenía a su esposa y a sus hijos y ellos tenían lo mejor que el dinero podía comprar; cada uno tenía su aparato de televisión, y la heladera estaba siempre llena con la comida que quisieran. Él estaba ganando mucho dinero, tenía asegurada la vida y todo estaba en orden. Le mencioné que el seguro no sostenía su vida, pero él me dijo que todo estaba bien.

¿Qué ocurrió? La esposa, en uno de sus viajes semanales a Las Vegas, se enamoró de otro hombre, y el médico se enamoró de otra mujer. Se destruyó el hogar. Cuatro o cinco años después, eran dos desgraciados y provocaron indecibles aflicciones a sus hijos.

Si una familia no tiene un ideal, esa familia, a su tiempo, se destruye. Una familia debe empeñarse en procura de un ideal y de metas espirituales, de metas de belleza, metas de servicio. Pero que la familia sea servidora de algo: servidora de nuestra necesidad nacional, de nuestra necesidad internacional, de hospitales, de organizaciones filantrópicas, etc. Que la familia se reúna y cree un proyecto porque lo que se entendió siempre como el más grande amor es el amor que se crea en el momento de la cooperación en favor de un plan. Cuando nos sentamos alrededor de una mesa y cooperamos, desarrollamos un amor y una comprensión que superan todos los sentimientos físicos y sexuales. Entonces, nos entendemos y nos sacrificamos los unos por los otros.

Yo estuve aconsejando a unas parejas a punto de divorciarse. Lo primero que prescribía a cada pareja era que hicieran algo juntos, un proyecto, un deporte, o que tan sólo jugaran juntos. Luego, poco a poco, que empezaran a hacer cosas juntos, como leer o meditar. Les dije que se aproximarían más cuando empezaran a hacer estas cosas juntos.

Los antiguos sugerían que, si alguien quería casarse, antes del matrimonio tenía que tener un proyecto con su compañero. En ese proyecto aflorarían las cualidades de cada uno de ellos y, entonces, podrían considerar la posibilidad de vivir en pareja. Si esa pareja no podía soportar el estar juntos durante diez minutos, entonces sabría que no se podría soportar en el matrimonio. Los antiguos querían que los jóvenes pasasen un tiempo juntos y forjasen un proyecto para que pudieran observar cómo funcionarían en pareja y recién entonces casarse. De este modo averiguarían si físicamente sus gustos eran parecidos y si podían marchar juntos emocional y mentalmente.

La sexta responsabilidad del Padre es ser un ejemplo. A veces esto falta en la familia. Un hombre puede tener bellas características, incluso visión espiritual, pero si sólo habla de estas cosas y no las practica en sus acciones, no es un ejemplo. Un hombre llevó a su hijo de nueve años a ver a un Sabio porque el niño lo único que hacía era mentir todo el tiempo. El hombre le dijo al Sabio: «Dile que lo sabes todo acerca de él, que miente y miente». El Sabio replicó: «¿Quieres que yo también mienta? Ahora sé que tú eres el que le está enseñando a mentir».

Suena el teléfono y el Padre le dice al hijo: «Contesta, pero di que no estoy aquí porque no quiero hablar con nadie».

El niño atiende y dice: «Papá no está aquí». Cuando al hijo o a la hija se le enseña a mentir, va a mentir permanente y continuamente. De modo que la primera cosa importante es que el hombre debe ser un ejemplo en su hogar. Si el Padre está fumando un gran cigarro y su hijo entra fumando un cigarrillo y ese

Padre le grita que no fume, se trata de una situación muy cómica.

El Padre deberá ser cuidadoso, pues los hijos y la esposa buscan en él el ideal. Recuerdo una ocasión, en Jordania, durante la revolución; volaban las bombas y todo era un caos. Algunos nos escondimos en una cueva; entre nosotros había un Padre y su pequeño hijo. Cuando cesó el bombardeo y pasó la alerta de peligro, salimos de la cueva. Le dije al niño: «¿Tuviste miedo?». «No», me dijo. «Papá estaba conmigo». ¡Cómo idealiza ese hijo respecto de su Padre! Y esa idealización es también expectación. El Padre se convierte en algo sobre lo cual el hijo sostiene sus ideales futuros.

La séptima responsabilidad es la vida creativa que tenga el Padre. ¡Es tan importante la creatividad! El Padre debe ser una persona creativa, creativa en los negocios, en el hogar, en su aptitud para arreglar cosas y adaptarlas. Por ejemplo, la cañería no funciona bien, y porque papá es creativo, podrá arreglarla. Cuelga cortinas, alfombra. Pinta. Toca un instrumento musical, canta. Cuando el Padre crea, despierta en sus hijos el genio creador. Sus hijos se le asemejan. Si el Padre más bien suele beber cerveza y llama a un plomero para que le arregle el lavadero, entonces su hijo hará lo mismo. La creatividad produce mayor creatividad en los hijos, y sólo una familia creativa es una familia realmente feliz.

Si en la familia no hay creatividad, no hay alegría. Cuando la creatividad entra en la familia, esa familia es alegre. Esa alegría es la máxima vitamina para los hijos. Cuando éstos están física y emocionalmente enfermos y no están «cohesionados» eso es habitualmente el resultado de la falta de alegría en el hogar. Pueden tomar montones de píldoras y vitaminas, pero eso no ayuda porque falta la mejor vitamina: la *alegría.*

En las comunidades, creían que, si uno se sentaba a la mesa y comía sin alegría, sería difícil digerir la comida. La alegría digiere la comida y crea equilibrio en nuestros órganos y en nuestra aura. Es por eso que los círculos religiosos suelen dar las gracias antes de comer. ¿Qué es dar las gracias? Es retirar la atención de todos nuestros problemas y poner nuestra mente en paz y en bendiciones. Pero si nos sentamos allí después de dar las gracias y el esposo empieza a hablar sobre qué conflictivo es su trabajo y cómo lo tratan, o la esposa se queja porque el hijo destruyó la ventana del vecino, o porque la heladera no funciona, entonces ¿qué ocurre? Nuestro estómago no podrá digerir. ¡Dar las gracias crea una atmósfera de paz en la que a la comida se la puede masticar, digerir y comer con gusto, alegría, placer y gratitud!

Estas son, pues, las principales responsabilidades del Padre. ¿Y cuál es la respuesta de los hijos al Padre? Respeto y gratitud. Incluso es deber de la Madre decir a sus hijos: «Querido, asegúrate de renovar tu gratitud y tu amor hacia tu Padre por lo que hizo por ti en estos 18 o 25 años».

Algunas madres albergan malos sentimientos hacia sus esposos por varias razones. Esto no puede negarse, pero, aunque sea así, aunque esté divorciada, la

Madre deberá decir al hijo: «Escríbele a tu Padre, respeta a ese hombre». Es muy importante que el Padre tenga alguien que piense en él.

Si un niño o una niña proyecta tal emoción y tal pensamiento de amor y aprecio hacia el Padre, ese Padre cambiará totalmente. También creará un tremendo cambio en los padres que no han estado cumpliendo con sus deberes. Todos los padres necesitan amor. Los hijos creen que su Padre es muy fuerte, pero bastará que la hija diga: «Papá, te amo», para que el Padre empiece a llorar porque tiene sed de amor y aprecio de parte de sus hijos. Los hijos deben dar ese amor y ese aprecio no sólo porque es para el Padre sino porque completa la familia.

La energía de la humanidad es la *familia.* La pequeña familia, el grupo familiar, la familia nacional, la familia mundial es la familia ideal. Una gran Hermandad, una gran sociedad de mentes y corazones que colaboran son lo que hacen que la vida sea llevadera.

El respeto de un hijo significa ver lo más elevado en su Padre y tratar de reflejar eso que es lo más elevado en su vida. «Sé que papá hizo tonterías y a veces no fue justo conmigo, pero es mi papá y ¡también hizo muchas cosas bellas!» ¡Veamos algo bueno y concentrémonos sólo en esa cosa buena! Reflexionemos una y otra vez en una cualidad bella que veamos en nuestro Padre.

Cómo respetar al Padre

1. Cuidar bien de él. Si papá está enfermo en el hospital y, aunque no quieras verle y quieras dejarle morir, ve a verle, pues tus hijos harán lo mismo con-

tigo. Ve y dile: «Papá, te amo, no te preocupes. Todo saldrá bien». O si es anciano, deja tus placeres y diversiones y ve a vivir con él y cuídale si no tiene nadie que le cuide. Estás afrontando tu karma y pagándolo.

2. Si tu Padre falleció, prosigue las cosas buenas que él inició. Continúa los grandes ideales que él tuvo, o las cosas que no concluyó.

Según el conocimiento esotérico, a veces las almas aguardan a que sus hijos cumplan los deseos de ellas. Por ejemplo, sabes que tu papá quería que se construyera ese edificio, pero no pudo hacerlo. El hijo o la hija se ponen a hacerlo y lo completan. O un anciano tenía un hijo de 11 años y le pide a su hijo mayor de 30, que se encargue del niño y se asegure de que complete sus estudios primarios y secundarios. Y el hijo mayor promete que cumplirá el deseo de su Padre para que su hermano se eduque correctamente. Esta es la gratitud a la que los antiguos se referían: que continuemos las cosas buenas que nuestro Padre comenzó.

3. Reza por tu Padre y medita en él. Es muy bueno rezar por el Padre y por la Madre para que velen por ellos y los cuiden.

4. No seas causa de preocupación ni una carga sobre las espaldas de tu Padre. Muchos hijos crean preocupación a sus padres. Si el hijo claramente obra mal y causa dolor al Padre, entonces ese hijo debe cesar en ello. Es así como expresas tu amor y gratitud hacia tu Padre y hacia tu Madre.

Durante su agonía, un Padre convocó a sus tres hijos. Les dijo: «Hijos míos, tráiganme diez varitas».

Se las trajeron. Entonces le dijo al mayor: «Toma una y pártela». El mayor la tomó y la partió. «Bien, hijo...», dijo el Padre, y pidió que los otros dos hicieran lo mismo. Luego les pidió que juntaran las varitas restantes. Lo hicieron. Entonces, el Padre les dijo: «Ahora, pártanlas». No pudieron quebrar esas varitas al estar todas juntas. El mayor lo intentó, pero no pudo. Luego lo intentó el hijo siguiente, y tampoco. Entonces el más joven hizo su intento, y tampoco pudo quebrar las varitas así reunidas. El Padre entonces les dijo: «Si ustedes están unidos en la vida, nadie los podrá separar. Estén juntos, interiormente y en su vida de relación. Si están juntos emocional, mental y espiritualmente, nadie los podrá separar. Si están juntos en familia, esa familia será fortísima y bellísima. No los podrán partir enemigos, odios, celos ni chismes. Ustedes son fuertes.

IX

LA MUJER RESPONSABLE

Cuando un niño cae y se lastima, corre hacia su Madre y reclina la cabeza en su pecho porque instintivamente sabe que ése es el sitio más seguro para él, el único refugio confiable.

Durante la guerra yo observaba que todo muchacho que estaba herido o en agonía clamaba siempre por su Madre. Incluso advertí que cuando tenían fiebre muy alta y alucinaciones pedían siempre por su Madre.

En el transcurso de mi vida, debido a mi posición religiosa, fui llamado muchas veces a los hospitales para que rezara y bendijera a quienes estaban casi a punto de morir. Advertí que casi todos ellos clamaban por su Madre, su hermana o su esposa.

Cuando a nuestra vida llegan días oscuros nos volvemos hacia nuestra Madre como nuestro último refugio. Esto se debe a que durante los nueve meses de embarazo y unos pocos años de lactancia, el niño comparte todos los sueños, plegarias, pensamientos, emociones y amor de su Madre. El hijo percibe que su protección es su Madre; su refugio es su Madre. Su Madre es quien le cuida, y todos estos sentimientos se graban en sus huesos y en su cerebro.

Fisiológica y psicológicamente, la Madre vive en el hijo, y el hijo vive en la Madre. Los niños del mundo tienen desesperada necesidad de madres, mujeres que sean madres en espíritu. Durante largo tiempo los niños del mundo se sintieron desilusionados por las condiciones de éste. Dicen: «Señor, queríamos tener aire puro, y nos dieron contaminación ambiental.

Queríamos agua transparente y nos dieron veneno. Queríamos alegría y nos dieron ametralladoras. Queríamos amor, y nos enseñaron cómo odiar y cómo matar». El mundo llegó a un punto en el que no hay seguridad; hay temor y la posibilidad de una vasta destrucción, odio, guerra y caos.

¿Por qué las madres no siguieron los pasos de sus hijos y les advirtieron en el tiempo correcto?

Un hombre, ya sea que tenga seis o sesenta años, es un niño. Necesita la dirección de la mujer. ¿Por qué la mujer permitió que sus hijos de todo el mundo crearan semejante caos económico, social y político en el que los gobiernos se están equipando con armas más poderosas, en el que el odio religioso y racial todavía está en constante escalada?

Este ha sido el fracaso de la mujer. La mujer, la Madre, no dio un paso al frente cuando el aire de sus hijos empezó a volverse impuro debido a la contaminación ambiental. No dio un paso al frente cuando el agua de sus hijos empezó a transportar venenos más pesados. No dio un paso al frente cuando la gente llevó a sus hijos a los prostíbulos, clubes nocturnos y lugares de deshonestidad y delincuencia.

Cuando vio que su marido, su hijo, su hermano, estaban en un negocio sucio, no se rebeló, no hizo oír su voz. Tal vez lloró en silencio, pero la destrucción del carácter de sus seres queridos se aceleró cada vez más.

La gente cree que una Madre es una Madre solamente cuando está embarazada, solamente cuando está amamantando a su bebé, solamente hasta que sus hijos se casan y se marchan. Este es un concepto falso. Una Madre es una Madre hasta que fallece, hasta que sus hijos fallecen.

La mujer tiene ventajas biológicas y psicológicas sobre el hombre, y debido a estas ventajas tiene naturalmente mayor poder sobre sus hijos. Cinco de estas ventajas son las siguientes:

1. Puesto que un hijo permanece de 7 a 9 meses en el seno materno, psicológica y fisiológicamente esto crea en el hijo una dependencia respecto de su Madre. Instintivamente, el hijo percibe que su Madre es su único refugio, su dadora de vida, la que le nutre y protege. Este sentimiento se funde con sus huesos y su cerebro.

Un hijo, sea este pequeño o adulto, ya sea que ame a su Madre o no, está siempre en busca de una Madre, una Madre que podrá estar representada en una esposa, novia, o cualquier mujer que inspire confianza y amor.

2. Lo segundo que da ventaja a la mujer sobre el hombre es su gracia, su belleza, su encanto y su ternura. El hombre tiene una confianza natural en la

ternura, la gracia, la belleza y el encanto. Una Madre o una mujer puede llegar a sus hijos usando estas cualidades para influir sobre ellos e instarlos a que sigan en la vida la dirección correcta.

3. Lo tercero que da ventaja a la mujer es el sexo. Un hombre sano necesita una relación sexual, y debido a esa necesidad, la mujer tiene la ventaja de influir sobre la vida del hombre. Debido a su cuerpo, debido a su belleza, debido a su sexo, ella controla al hombre. Ella puede usar su sexo para destruir al hombre o darle una nueva dirección, una nueva elevación, una nueva expansión de consciencia.

Supe de un muchacho que consumía drogas y estaba implicado en la delincuencia y en condiciones malsanas. Encontró a una muchacha bella y atractiva y se enamoró de ella. Se trataba de una joven muy fina y educada.

El muchacho le dijo: «Te amo».

«¿De verdad?», le contestó ella.

«Sí».

«Si me amas de verdad, no debes cometer delitos…».

«Bueno, escucharé lo que me dices…».

Luego, otro día él le dijo: «Te amo».

«Pero, si me amas, no consumas drogas…», le contestó ella. Y el muchacho dejó de consumir marihuana y drogas.

Al otro día, el muchacho le dijo: «Te amo».

«¿Me amas?», le preguntó ella.

«Sí».

«Pero no me gusta el olor de tabaco en tu aliento…».

«Entonces dejaré de fumar».

Luego, un día el muchacho le dijo: «¡Te amo tanto!»

«¿Me amas?», preguntó ella.

«Sí...».

«Quiero que encuentres un trabajo y estudies...».

Y el muchacho encontró trabajo, estudió, se recibió de abogado y se casó con la muchacha. Cuando consagré su matrimonio, el muchacho me dijo: « Ella es mi Madre... usted sabe lo que yo quiero decir... Ella me concibió. Ella me dio a luz. Ella es mi Madre».

4. La cuarta cosa que da ventaja a la mujer sobre el hombre es que la mujer tiene el don natural de sensibilidad intuitiva y captación interior. El hombre percibe naturalmente esto, y en las horas oscuras de su vida pregunta a su esposa, a su Madre, a su novia o a su hermana: « ¿Qué crees que debo hacer?» Y en la mayoría de los casos, la mujer le da la respuesta correcta si la motivación y el corazón de ella no están contaminados.

La antena de la mujer se extiende desde sus emociones hasta su intuición. Ella ve los resultados finales; ella percibe los motivos: la lógica y la razón no puede descarriar su intuición. El hombre percibe esto. Sabe que la mujer tiene intuitivamente algunas respuestas a su problema, pero para encubrir su vanidad él quiere que ella plantee su intuición dentro de la lógica, y cuando ella no lo logra, él se siente justificado en no seguir la sugerencia de ella. Pero en los períodos críticos, él espera guía y estímulo de parte de ella.

Recuerdo que yo estuve deprimido durante varias semanas. Escuchaba las noticias mundiales sobre la amenaza de guerra, sobre la tortuosa y deshonesta política del mundo, sobre el hambre mundial, las enfermedades, la contaminación ambiental y me preguntaba si un hombre debía todavía esforzarse en ayudar a la gente, o retirarse, entrar dentro de sí mismo y esperar la muerte.

Mientras tenía yo estos pensamientos en mi mente, fui al correo a retirar mi correspondencia. Recibí una esquela que decía:

«Querido T.: sé cómo las noticias mundiales y las circunstancias de la vida en todas partes agobian tus espaldas, pero ten ánimo, has hecho mucho y harás más todavía. Yo estoy contigo. Trabajaremos hasta el fin para acrecentar la belleza y la alegría del mundo».

No podía dar crédito a mis ojos... Ella era una simple niñita, pero advertí que una nueva energía entraba en mi corazón. Corrí hasta mi auto con gran alegría, y mientras manejaba, de repente me dije: «Tenías a Dios. Tenías a Cristo. Tenías tu filosofía. Tenías todos tus libros, discos, canciones... y ninguno de ellos te levantó. ¡Y ahora estás en el séptimo cielo porque una niñita te escribió unas pocas palabras simpáticas!

No se trataba de las palabras. Era la energía de la intuición, el amor de la mujer. La intuición de la mujer nos transfiere una gran cantidad de valentía y alegría, y nos pone de nuevo en el rumbo de nuestro trabajo. Cuando la mujer nos estimula, nos ama, nos plantea desafíos, recibimos de ella una corriente directa, y ésta nos afecta debido al secreto de la polaridad.

5. La quinta ventaja de la mujer emerge del hecho de que su polaridad natural está en armonía con la polaridad del sistema solar y de la Tierra.

Hay un polo masculino y un polo femenino. Nuestra Tierra cambia su polaridad de una polaridad masculina a una femenina debido al cambio de su eje.

Muchas veces en la vida de nuestro planeta, éste cambió de masculino a femenino y de femenino a masculino.

Nuestro sistema solar es un sistema solar femenino. La literatura esotérica dice que el próximo sistema solar será un sistema masculino. De manera que hasta nuestro sistema solar cambia su polaridad de masculina a femenina y de femenina a masculina.

Cada vez que la Tierra entra en la polaridad femenina, el principio femenino de la naturaleza predomina. Pero a veces la naturaleza masculina resiste, y así tenemos conflicto, desastres, tensiones e incluso guerras.

La naturaleza masculina es destructiva. La naturaleza femenina es constructiva. Los ciclos en los que predominaba la influencia de la mujer fueron grandes ciclos de paz, creatividad y construcción. Los ciclos en los que predominó el hombre fueron ciclos de destrucción porque el ciclo masculino es el contrario de la polaridad femenina del sistema solar. Por supuesto, la construcción deberá ser destruida una vez que sirvió a su finalidad, para que sean posibles nuevas construcciones: eso es lo que el hombre hace.

El punto más crítico en el tiempo es aquella época en la cual las polaridades están en *transición.* Este es el tiempo del conflicto y del caos. La polaridad de la Tierra empezó a cambiar cuando nuestro sistema solar entró en el signo de Acuario. Eso fue hace casi 350 años, y necesitamos otros 150 años para ver a la gran cultura de la Nueva Era amaneciendo sobre la humanidad. Es durante esta era que la mujer pondrá su «hogar» en orden, unirá a sus hijos, y los dirigirá hacia su destino divino. Veremos a la mujer ocupando las máximas posiciones en el mundo y demostrando gran sabiduría e intuición en todas las clases sociales.

Hay una cuestión importantísima que ha de considerarse: existen algunas mujeres cuya polarización es masculina, y algunos hombres cuya polarización es femenina.

Cuando la polarización de un hombre es femenina es porque él está inspirado en el Alma. Un hombre inspirado en el Alma se parece a una mujer con forma masculina.

Ninguna mujer nace sin intuición. Esa es su polaridad. Debido a que ella tiene más intuición que desarrollo mental, nace como mujer. Pero cuando la polarización de la mujer es masculina, eso se debe a que la mujer cesó de pensar y actuar bajo la luz de su intuición y corrió en pos de los placeres de su cuerpo. Así se inicia la degeneración, y con ella, empieza la caída de la raza.

Esto ocurre cuando la mujer cultiva su mente inferior y entra en la vida práctica de los negocios a expensas de su intuición y sus sentimientos; pierde su contacto con el plano intuitivo, o con su centro del corazón.

¿Cómo podrá entonces una mujer participar en los asuntos humanos si no cultiva su mente?

Cuando su instrucción y su conocimiento, su especialización y sus negocios se convierten en la meta de su vida y los usa para su satisfacción personal y sus intereses separatistas, entonces toda su instrucción y todo su conocimiento la hacen descender por la escalera de la evolución. Pero si su conocimiento, su instrucción y su especialización sirven a su intuición, su sentido de la belleza, la unidad, la síntesis y la compasión, entonces podemos decir que la mujer asciende por la escala de la evolución y tiene más recursos de energía y es mucho más sensible a las necesidades de su campo de especialización que el hombre.

La mujer tiene la ventaja de usar su especialización en favor de la Finalidad, que ella capta intuitivamente: un propósito que se relaciona con el bienestar de una sola humanidad, con el bienestar de todos los hijos del mundo, y en favor del supremo Bien Común.

Es posible que la mujer pierda su entusiasmo en el conflicto diario de intereses y que, a su tiempo, se convierta en una máquina. Tal estado es la máxima caída de una mujer.

De modo parecido, mientras el hombre no eleve su consciencia hasta el plano intuitivo, tendremos un mundo tal como el que nos rodea, lleno de problemas y frustraciones.

Esto es lo que decide el sexo en la próxima reencarnación. Quienes están polarizados en sus mentes y cerebros o en sus aspectos volitivo llegan como varones. Las que están polarizadas en su corazón-alma-intuición, llegan como mujeres. El renacer espiritual es respaldado e inspirado principalmente por las mujeres. Todo renacer espiritual cambia la polaridad de los grupos, de las naciones y de la humanidad de una polaridad masculina a otra femenina.

La polaridad femenina es más creativa y constructiva, y tiende hacia una mayor armonía y ritmo.

La polaridad masculina desarrolla tensión, conflicto y guerra, e inicia el ciclo de destrucción si no es equilibrada por la polaridad femenina. Hay ciclos nacionales y ciclos individuales que pueden coincidir o sincronizarse con grandes ciclos o entrar en conflicto con ellos; siempre que coinciden hay realizaciones y abundancia, y siempre que están en conflicto hay destrucción y sufrimiento, pero también un despeje.

La naturaleza masculina quiere dominar; la naturaleza femenina quiere abarcar e incluir.

La naturaleza masculina trabaja con la materia y con la mente; la naturaleza femenina trabaja con las emociones y con la intuición.

La naturaleza masculina trabaja con el poder de la voluntad; la naturaleza femenina trabaja con el poder del amor. La naturaleza masculina es el sendero; la naturaleza femenina es el campo.

La naturaleza masculina exige; la naturaleza femenina da.

La naturaleza masculina formula preguntas y halla respuestas; la naturaleza femenina siente y aprende intuitivamente.

La naturaleza masculina divide y separa; la naturaleza femenina sintetiza.

El hombre y la mujer se parecen a dos pies en el sendero de la evolución: cada uno tiene sus altibajos, y cada uno lidera o sigue.

El Día de la Madre

El Día de la Madre debe ser una gran festividad en la que las mujeres de todo el mundo proclamen sus derechos y actúen para proteger a sus hijos, ya sea que estos «hijos» sean sus hermanos, novios, tíos, todos los parientes varones, no importa cuál sea la edad de ellos.

Es por esto que el Día de la Madre debe transformarse en el «Día de la Mujer». Este será un cambio justo porque en el corazón de toda mujer existe una Madre, tenga hijos o no. Cuando excluimos a todas las mujeres que no sean madres biológicas, descuidamos a todas las que serán madres en el futuro o las que no tienen hijos pero sí la misma ternura, gracia, belleza y corazón de Madre.

La proclamación formulada en el Día de la Mujer podría redactarse de acuerdo con los siguientes lineamientos:

> *Nosotras, las mujeres del mundo, muy solemne y sinceramente prometemos inspirar la dirección correcta en todos los hijos. Prometemos inspirar en ellos la belleza, la bondad, la alegría, la salud, la verdad, la valentía y la intrepidez.*

¿Cuándo empezarán las mujeres a cumplir estas promesas? Ellas mismas deberán ser educadas mientras estén con sus madres hasta el momento en que se casen y queden embarazadas. Quienes quieran tener hijos deberán empezar instruyendo a su hijo mientras lo están gestando. Quienes por alguna razón no quieran tener un hijo deberán tener la misma educación para satisfacer las necesidades de los hijos del mundo.

Esta educación comienza en el seno materno. La Madre puede cumplir el siguiente procedimiento:

Tocará su vientre y dirá: «Bebé, escucha con mucho cuidado. Yo, tu Madre, te aconsejo que tu rumbo sea de belleza, bondad y verdad en tu vida cuando nazcas. ¿Me oyes, niño mío?

«Amarás siempre a la belleza, protegerás la belleza, y tú mismo serás bello.

»Escucha, niño mío, cuando nazcas, quiero que seas realmente bello: físicamente bello, emocionalmente bello, mentalmente bello y espiritualmente bello. ¿Me oyes, querido niño mío? Esta es tu primera lección que te repetirás cada día para que, como alma, la captes plenamente.»

«Tu segunda lección es que deberás ser un niño bueno o una niña buena (Realmente, no me preocupa lo que prefieras). Deberás tratar de ser siempre inofensivo, amoroso y útil. Pero, niño mío, entretanto serás muy valiente y extremadamente intrépido. No permitirás que los demás te usen malamente para sus propios placeres e intereses. Te alzarás como un león cuando sean atacados los derechos y la libertad de tus amigos y de la humanidad.

»Niño mío, esta es tu segunda lección, que repetirás hasta que nazcas y luego la cantarás para ti mientras bebes mi amor de mis pechos.»

«Niño, niño mío, esta es tu lección siguiente, la tercera lección: no importa lo que ocurra en tu vida, jamás abandonarás tu alegría; deberás estar siempre contento, deberás esparcir siempre alegría. ¿Me oyes? Deberás esparcir y compartir alegría.»

«Luego, niño mío, la cuarta lección es... escucha ahora con mucho cuidado, que vas a ser un bebé realmente sano, y serás sano hasta que envejezcas. Sé que me oyes. Mira, vas a ser realmente sano. Jamás tendrás un resfrío, te gustarán las duchas frías, los alimentos naturales, y nunca, nunca, contraerás cáncer. Escucha atentamente porque te estoy preparando de modo tal que traigas belleza y bendiciones a la vida. No aceptarás la enfermedad...»

«Y tu quinta lección es ésta, hijo mío: por todos los medios tratarás de ser fiel a tu conciencia, a Dios y al bien supremo y al bienestar de la humanidad. No podrás ser fiel a menos que seas fiel al supremo bienestar de la humanidad, al corazón de la humanidad. Ajenos a ti permanecerán el interés por las drogas y el espíritu de explotación. Amado hijito, estas no son lecciones difíciles. La buena voluntad estará contigo si aprendes tus lecciones y las cumples.»

«Luego, tu sexta lección es: serás valiente e intrépido para defender a los débiles y enfermos, para guiar a los ciegos, y fortalecer los brazos que trabajen en favor de la construcción de un mundo nuevo. Hijito, ¿ves cuántas cosas buenas te aguardan en tu sendero?»

«Y, amado hijito, tu séptima lección es: serás creativo, traerás contigo la inspiración de los reinos superiores y serás una hermosa sinfonía en la vida humana. Te repetiré estas lecciones todos los días hasta que nazcas. Y continuaré recordándotelas hasta el día en que me aleje de ti, hijito mío.»

Es así como una Madre deberá empezar a educar a su bebé, en el aula de su vientre. El aula más preciosa es el seno materno, y el maestro supremo es la vida, los pensamientos y los ideales de la Madre.

La maternidad se entiende como dar a luz un bebé, dar a luz su cuerpo. Esto no es cierto. Una Madre no sólo deberá dar a luz al cuerpo físico de su bebé sino también a los cuerpos emocional, mental y espiritual de ese bebé.

Una Madre real da a luz al cuerpo Y a los ideales de su bebé. Y cuando éste crece, ella vigila sus pasos.

La segunda proclamación de la mujer será:

> *Nosotras, las mujeres del mundo, prometemos muy solemne y sinceramente impedir la delincuencia tanto como podamos.*

Cuando el niño asiste a la escuela y, a su tiempo, entra en la sociedad, la Madre aún lo vigilará. Y si ve que su hijo se descarría, lo invitará a su cuarto y le dirá: «Hijo mío, tienes 35 años, y no eres un niño, pero estoy afligida y herida por la vida que llevas. No apruebo el modo con que ganas dinero. No me gustan tus modales con tu esposa y tus amigos; me estás avergonzando. Quiero que refuerces tu comportamiento».

Si la Madre obra de este modo, tendremos un mundo distinto.

Un día una adolescente me dijo: «Todas las tardes mi Madre me da entre 5 y 10 dólares y me dice: ‘Ve con una amiga al cine. No vuelvas hasta las diez en punto’. ¡Y yo sé por qué!».

«¿Por qué?», le pregunté.

«Porque llega su novio y quieren divertirse sin mí, y yo estoy cansada de eso».

Hay miles de muchachitas como ésta, lanzadas a los vientos.

Una mujer real sigue la senda que recorren sus hijos. No planifica las vidas de éstos; no regimenta sus vidas; no les impone su voluntad, sino que los inspira hacia la honradez, la bondad, la pureza, la belleza y el sacrificio. Cuando una mujer sabe que su hijo o su esposo están en un negocio deshonesto, jamás lo tolerará.

Expresará desacuerdo a través de sus conversaciones llenas de gracia e intención, y si el hijo o el esposo siguen viviendo con medios deshonestos, les hará saber que ella está a favor de la honradez y no quiere soportar el peso de las malas acciones de su hijo o de su esposo.

Me invitaron a una cena del Día de Acción de Gracias y la familia de la anfitriona estaba allí con unas pocas amistades.

Ya estábamos listos para comer cuando uno de sus hijos que había estado ausente del hogar llegó y quiso besar a su Madre. La Madre lo rechazó diciéndole: «Yo no te invité; ¿por qué viniste?»

«Bueno, mamá, es el Día de Acción de Gracias».

«No hay Día de Acción de Gracias para quienes viven de modo deshonesto Mientras vendas drogas y marihuana, no podrás entrar en esta casa. Quiero que te marches».

«Pero yo no uso drogas, mamá».

«Lo sé, pero estás destruyendo las vidas de muchos muchachos. Ellos son también mis hijos».

«Está bien, mamá, entiendo tu enfado. Yo tampoco soy feliz con lo que estoy haciendo. Te prometo que pondré fin a eso».

«¿Eso es lo que pretendes hacer?», dijo la Madre, acercándosele y mirándolo directamente a los ojos.

«Sí, eso es lo que me propongo hacer».

Entonces, con lágrimas en sus ojos, ella le abrazó y le dijo:

«Hoy tenemos la mejor cena del Día de Acción de Gracias. Demos las gracias».

La tercera proclamación de la mujer será:

> *Nosotras, las mujeres del mundo, prometemos muy sincera y honradamente, inspirar en nuestros hijos, esposos y hermanos el sentido de la dignidad, la grandeza, la justicia, el perdón, la compasión y el espíritu de progresivo avance en todos los campos del esfuerzo humano.*

Detrás de todo hombre responsable -sea éste el presidente de una nación o de un grupo de científicos– deberá haber una Madre, una Hermana, o una Esposa que le inspire dignidad, grandeza y compasión.

La mujer de la Nueva Era deberá expandir su campo de interés y hacer que su influencia se sienta en todos los campos del esfuerzo humano, brillando entre los hombres como un principio de belleza, bondad, alegría, armonía y unidad.

La cuarta proclamación de la mujer será:

> *Nosotras, las mujeres del mundo, prometemos muy solemne y honradamente inspirar a nuestros*

> *hijos para que protejan a los enfermos y ayuden a los débiles por todos los medios.*

Los hijos de la Nueva Era serán inspirados por el espíritu de servicio y sacrificio más que por el espíritu del interés personal y la rivalidad o la explotación.

La quinta proclamación de la mujer será:

> *Nosotras, las mujeres del mundo, deberemos educarnos y prepararnos para alcanzar posiciones superiores en el mundo y demostrar un ejemplo de conducción basado en los siguientes principios:*

1. *Los hijos de los hombres son uno solo.*
2. *El planeta es un ente vivo, y debe ser protegido de la contaminación ambiental.*
3. *Los problemas del mundo deberán ser resueltos no mediante la guerra sino con la luz del espíritu.*
4. *Los hijos del mundo deberán ser enseñados acerca del hecho de una sola humanidad.*
5. *Deberán prevalecer la relación humana correcta, la buena voluntad y la participación.*

Armadas con estos cinco principios y proclamaciones, las mujeres del mundo crearán una nueva era de unidad, cordura, belleza y vida creativa.

«Con sus propias manos, las mujeres de todas las razas y todas las creencias, moldearán los pasos de la evolución. ¡No debe haber demora!»[4].

«Encontrarás dos tipos de oponentes con iguales derechos: una, admiradora de la ley del harén, que dice que no deben alterarse las costumbres antiguas; la otra, indignada con el pasado, exigirá supremacía

4. Agni Yoga Society, *Aum*, afor. 416.

para sí misma en todo. Ambas estarán alejadas de la evolución.

»No es permisible arrastrar las pasadas ofensas para introducirlas en el futuro. No es permisible tampoco preservar la osificación de un modo gastado de vida. No es permisible erigir obstáculos al conocimiento libre. La afirmación de la verdadera igualdad de derechos mejor podría llamarse plenos derechos. Las obligaciones que asisten al reconocimiento de la plena igualdad liberarán a la vida de las costumbres burdas, de las expresiones sucias, de la falsedad y de la rutina polvorienta. Pero la nueva evolución deberá iniciarse tempranamente en la vida si los pensamientos acerca de ella no han destellado independientemente.

»Puede percibirse que, en la actualidad, hay muchas mujeres que entienden perfectamente el significado de los plenos derechos. Puede confiarse en ellas en todo el mundo.»[5]

5. *Ibid.*, afor. 417.

X

LA EDUCACION Y EL HIJO

La educación de la Nueva Era se ocupa de las causas más que de los efectos. Nuestra vieja educación se ocupa de los efectos, y casi pierde de vista las causas. Por ejemplo, nuestros libros de historia: en su mayoría vemos los fenómenos externos, el resultado, pero no la causa, la causa psicológica o espiritual hondamente arraigada.

En la vieja escuela solíamos memorizar, o aprender un catecismo nacional o religioso. En las nuevas escuelas nos desafían a que procedamos por nosotros mismos, a que pensemos y seamos creativos. Al niño le decimos que no imite a sus mayores sino que sea él su propio modelo, que escoja, que discierna, que no trate de memorizar sino de pensar. Él no es un reflector sino una fuente de influencia propia.

Muchas personas preguntan cuándo debe empezar la educación formal de un niño. Se le puede enseñar incluso antes de que nazca. La educación deberá comenzar lo más tempranamente posible, y habrá que saber cómo adaptarla a la edad psicológica del niño. Los problemas surgen cuando no se da la dosis correcta a la edad correcta. Se puede empezar a cualquier edad mientras la maduración del niño sea la normal; luego los niños aprenden sin esfuerzo consciente. Aprenden a hablar a los dos años sin lecciones lingüísticas. Aprenden con ejemplos, juegos, observación. Demasiada memorización y demasiada repetición reprimen las células cerebrales de los niños y crean en ellos pautas y memorizaciones contra su voluntad. Tal modo de enseñar es para ellos una imposición. Les estamos imponiendo cosas y hacemos lo mismo con sus pequeños mecanismos, y la reacción puede llegar después en forma de rechazo o descuido.

Debemos tratar de crear juegos, proyectos, en los que aprendan a colaborar y respetarse, y a disciplinar sus cuerpos, emociones, expresiones y mentes.

Los niños disfrutan disciplinándose; les gusta el rigor, el trabajo, el esfuerzo, el servicio. Aunque a algunos niños no les guste, debemos crear las condiciones en las que decidan y quieran disciplinarse, amar el rigor, el trabajo, el esfuerzo y el servicio.

Podemos realizar ejercicios con los niños en diferentes ocasiones: no para hablar unas pocas horas, o un día entero, ni para almorzar, sentirse alegres todo el día, ni para usar palabras negativas, sentimientos o pensamientos negativos, o para estar sentados o permanecer un rato sin moverse. Podemos enseñarles diversos juegos en los que desarrollen una concentración intensa que podrá usarse después en su educación superior.

A los niños puede enseñárseles a leer y escribir mediante juegos. Por ejemplo, puse las letras del alfabeto sobre cada niño... Él es A, ella es B, ella es D, él es S, etc. Pocos meses después, comprobé que conocían las letras de cada uno, que eran todo el alfabeto. Aprendieron por sí mismos, y una vez que averigüé que conocían las letras, creé para ellos un juego para que compusieran palabras. Por ejemplo, les dije: «Formemos la palabra *Amor...*». Así se adelantó A, luego M, más tarde O, después R, y formaron la palabra. Por supuesto, los niños cometieron errores maravillosos y muy cómicos, pero a su tiempo lo lograron. Una vez que pudieron dominar unas pocas palabras, les dejé jugar, pero para mi asombro vi que durante todo el día trataban de formar palabras. De la misma manera formamos frases, y en comparación con otras escuelas nuestros niños estaban mucho más adelantados porque aprendían y nosotros no les *enseñábamos;* creaban las condiciones adecuadas para ellos y ellos mismos se enseñaban. Creamos bailes y movimientos para enseñarles aritmética, etc.

Fuimos muy inteligentes como para sacar a la religión de las escuelas, pero no logramos mostrarles ideales a través de nuestras vidas y nuestras relaciones; esto es lo que falta en la mayoría de las escuelas, no religión. La vida de un maestro debe ser un dechado de logros morales y espirituales. Muchas veces fracasamos, no por falta de religión, sino por falta de ejemplo.

Podemos promover las normas espirituales de nuestros niños mostrándoles la hermosura de la naturaleza, la belleza de los animales, la belleza de las flores y los árboles, la belleza de las artes, y el resplandor de los grandes servidores de la humanidad. Podemos enseñarles una sola humanidad, un solo mundo, podemos enseñarles sobre la belleza del servicio y hacer que escojan su propio modo de expresar la belleza en su vida. No debemos hacerlos florecer como rosas si son lirios: si los forzamos, perderán su destino.

Los maestros de la Nueva Era deben separarse de métodos y medios obsoletos, de dogmas y doctrinas obsoletos, de religiones y políticas obsoletas, y pensar en términos de una sola humanidad y un solo mundo, en términos de la Nueva Era que está sobre nosotros. Algunos de nuestros niños de la Nueva Era están a favor de este concepto, y quieren crear un nuevo mundo que no esté inspirado en el viejo. Eso es lo más difícil de realizar, pero es el único sendero hacia la Nueva Era.

Es muy desgraciado que las religiones y las escuelas se hayan convertido en el depósito del pasado, en vez de ser agencias de ingeniería para planificar el futuro, la vida futura de la humanidad en su totalidad.

Los niños de estas comunidades eran estimulados para que asistieran a la escuela, pero no se los obligaba a hacerlo. Las escuelas eran para los que realmente querían estudiar. Los niños que no asistían a la escuela se dividían en cuatro categorías. La primera categoría consistía en los que tenían algunos problemas de salud o de carácter psicológico. Estos problemas se atendían esmeradamente, y a menudo el niño sentía luego un gran deseo de aprender y estudiar.

La segunda categoría consistía en los niños muy interesados en artes, artesanías, negocios y comercio, y también en ser carpintero, herrero, orfebre, obrero de la construcción o granjero, zapatero, sastre, etc.

Estos niños tenían muy buen éxito en sus carreras y en su mayoría tenían maestros particulares que les enseñaban lo necesario para encargarse del negocio o del comercio.

La tercera categoría consistía en los niños sanos pero que eran algo proclives a odiar a la autoridad. Querían llevar una vida independiente manteniéndose con robos y otros delitos. A los niños que incurrían en la delincuencia se les advertía dos veces, y, si tenía lugar una tercera vez, se los castigaba con severidad. Habitualmente, no se les solía permitir que vivieran en la comunidad. En la mayoría de los casos, los mayores investigaban la causa de la mala conducta, y luego se tomaban medidas educativas o disciplinarias para impedir toda repetición de semejante comportamiento.

La cuarta categoría consistía en los niños que no tenían los modos, los medios ni las condiciones para seguir educándose apropiadamente. Por ejemplo, un Padre pobre necesitaba que su hijo le ayudase en su trabajo. En tales casos, si el chico era muy inteligente y despierto, algunas personas ricas solían ayudar a los padres que entonces dejaban libre al niño para que asistiera a clases. O si el niño no tenía dinero para una educación superior, estas mismas personas ricas les daban préstamos. Para estos abogados, médicos, comerciantes, etc., de fortuna, era un gran honor enviar algunos niños carenciados para que los educasen con sus contribuciones. A menudo, un médico o un comerciante se hacía cargo de los gastos de la educación superior de 3 a 5 niños. A estos niños se los recibía en la comunidad con alto honor y luego que se establecían en su trabajo, devolvían la ayuda recibida de sus benefactores enviando otros niños para la educación superior.

A todos los niños se los mantenía ocupados. Los mayores solían decir que cuando no se trabaja hay una gran pérdida para la comunidad. El hombre es una fuente de energía, y la energía no debe desperdiciarse, sino usarse. Recuerdo unas vacaciones de verano en las que una ciudad organizó a dos mil escolares para que plantaran árboles para formar un bosque, construyeran puentes y pavimentaran las calles de la ciudad.

Los niños solían trabajar con sus padres o parientes en sus negocios, empezando cuando tenían diez años de edad. Por supuesto, se les daba trabajo de acuerdo a su edad. Vi niños de 12 a 14 años de edad muy inteligentes y expertos administradores en distintos sectores laborales y capaces de dirigir el trabajo en ausencia de sus padres.

A las niñas que no asistían a la escuela se las educaba en bellas artes: decoración, alta costura, sastrería, fabricación de diversos objetos artísticos, fabricación de canastas, etc. También eran contadoras, empleadas en hospitales o en otros campos. Algunas tomaban lecciones particulares en música, pintura y baile. No se daba crédito a la educación forzada.

Años después, siendo yo el jefe de una escuelita de cuatrocientos niños, a menudo discutí este asunto de la educación forzada con los padres y con personas de educación y posición avanzada. La idea general era:

1. La educación forzada impide en el niño la tendencia a florecer, a desarrollarse e investigar, y en lu-

gar de ello desarrolla un rechazo a aprender que dura toda la vida.

Algunos dirigentes avanzadísimos y hombres que prestaron grandes servicios en sus países fueron los que jamás asistieron a la escuela en su niñez, pero que luego de trabajar en diversos campos, vieron la necesidad de educarse y asistieron a la escuela cuando tenían entre 18 y 20 años, incluso 30 y más, y en pocos años aprendieron lo que necesitaban.

2. Los niños deben empeñarse en procura de una educación superior no porque los fuerce el interés del dinero y la posición, sino por el deseo de saber y servir. La energía vital se deforma y usa con fines egoístas cuando a un niño se lo obliga a seguir con la escuela en vez de seguir su dirección interior.

3. Creían que un niño es un individuo, y que es su libre albedrío el que decidirá si tiene que asistir a la escuela o no.

4. Creían que la escolaridad sistematizada creará a su tiempo una generación que actuará como una máquina en manos de quienes son capaces de ingresar en ciertos puestos en los que podrán manejar a esa generación. En una educación no forzada, la gente desarrolla su propia línea de pensamiento, su propia dirección de vida, sus propias creencias y actitudes hada ciertos valores o principios; la educación forzada quita el espíritu de individualidad y convierte al hombre en un artículo de la producción masiva.

5. Creían que es un derroche de tiempo crear un «picadillo» de todo el conocimiento y todos los datos

y forzarlo en los cerebros infantiles si a aquéllos no les interesaban. Sólo se estimulaba el interés. Solían decir que el interés es el conductor del destino, y que el destino, no debe ser violado.

6. La educación forzada desarrolla prematuramente la mente antes de que se desarrolle el alma. Como resultado de esto, la educación se usa para explotar a la gente y no para servirla. Creían que para cada individuo la vida presenta una oportunidad para que desarrolle y expanda la consciencia. Creían firmemente que las escuelas no eran el único modo de expandir la consciencia y desarrollar talentos.

Algunos grandes conductores de ciertas naciones y de la humanidad no se diplomaron en escuelas, y tal vez debido a ello su originalidad estuvo en gran medida protegida.

Las escuelas con modos establecidos de enseñanza y conocimiento y técnicas obsoletos podían destruir, impedir o demorar el florecimiento natural y los talentos creativos del niño. Solían pensar que un talento deberá, ante todo, expresarse y luego ser ayudado para que mantenga su originalidad, sin imposición de artificialidad.

7. A menudo decían que la naturaleza y sus talentos no deben ponerse en moldes artificiales. Toda acción forzada sobre el alma del niño para que se desarrolle más rápidamente y en una dirección por la que no tiene un interés real causa degeneración en él y lo convierte en un problema para la sociedad.

8. Creían que la individualidad y la originalidad del niño eran el más bello don de la naturaleza. Esta originalidad y esta individualidad se pierden cuando al niño se lo obliga a ir a la escuela y a estar expuesto a miles de influencias para las que no está aún preparado o que todavía no necesita. A menudo educaban a sus hijos en su hogar, y con maestros particulares cuando veían que en ellos florecía un gran talento, pero jamás forzaban a los niños a asistir a la escuela.

Si el niño rehusaba asistir a la escuela, los padres querían saber por qué. A veces era porque otro niño le estaba causando problemas, o su hijo odiaba al maestro o al ambiente por alguna razón. Estas razones eran examinadas con cuidado y resueltas si era posible, pero nunca se obligaba a los niños a que asistieran a la escuela. Solían decir que la educación forzada crea resultados negativos. Entre los 15 y 16 años de edad los niños quedaban en total libertad para decidir por sí mismos si continuaban en la escuela o la abandonaban, dedicando su tiempo a trabajar con sus padres o a aprender distintas artes o industrias.

En realidad, los hogares eran escuelitas para los niños, pues podían participar en casi todas las actividades y eran desafiados también a que supieran más y se superaran.

Entre los 15 y los 18 años de edad los muchachos ya estaban preparados para cuidar de sí mismos. Eran miembros útiles de la sociedad; tenían su orgullo y su dignidad; conocían sus metas. Y si querían adelantar, las escuelas estaban abiertas para ellos.

Así, las escuelas no estaban atestadas, y la energía de los no educados se usaba con inteligencia en cada sector laboral y artesanal. Cada uno estaba ocupado y tenía una meta e intereses.

Las escuelas solían segregar a todos los niños cuya calificación no fuera buena. Estimulaban a estos niños a que fuesen a aprender comercio, industria o artesanías para que pudieran sostenerse.

No se estimulaba la beneficencia social. Quienes querían satisfacer sus necesidades tenían que trabajar. Si llegaba un mendigo de otra aldea o ciudad, no podía conseguir dinero ni comida a menos que trabajase. Por otro lado, especiales grupos filantrópicos cuidaban de los enfermos e incapacitados.

La propiedad individual se consideraba sagrada, y si se dejaba la cartera cerca de una fuente, se la podía encontrar en el mismo lugar un mes después.

Una vez pregunté a un maestro: «¿Por qué es tan grande la moralidad de esta comunidad?». Me dijo que había muchas razones, a saber:

1. No toleramos la codicia.
2. Está prohibida toda forma de explotación.
3. No existe la educación compulsiva.
4. Se respetan las cualidades del corazón más que los diplomas o la riqueza.
5. A las mentes infantiles no se las fuerza con tema especial alguno que no necesiten ni quieran.
6. Las familias están formadas sobre el fuerte cimiento de la moral y el sentido de la responsabilidad.
7. Las madres saben cómo ser ejemplos para sus familias y suscitar respeto.
8. Están ausentes el fanatismo y la explotación religiosos.

9. El modo con que elegimos a nuestros dirigentes impide complicaciones futuras.

La belleza que se ve en los niños, hombres y mujeres, es la flor de la belleza que emana de sus madres. Tuve una experiencia concerniente a este hecho cuando yo dirigía un colegio particular de aproximadamente cuatrocientos estudiantes. Observé que los niños y niñas más hermosos provenían de bellos hogares y de madres bellas. Esta belleza no era solamente física, sino emocional y mental. Sus madres eran una fuente de inspiración, valentía y alegría continuas.

Quienes tenían problemas y dificultades en sus clases reflejaban las condiciones de sus hogares. Siempre que hacían comparecer ante mí a un estudiante para que lo aconsejara, primero me entrevistaba en privado con su Madre, y luego en presencia del estudiante. Yo quería hallar primero la raíz del problema. En la mayoría de los casos, los problemas de los hijos se originaban en los padres y especialmente en las madres. En la mayoría de los casos la causa del problema era la Madre, directa o indirectamente. Yo trabajaba con el Padre y la Madre para corregir a los niños y tenía gran éxito.

Una vez por mes invitaba a la escuela a las madres de niños con problemas y les planteaba las dificultades de sus hijos explicándoles cómo podían haberse originado en sus padres, especialmente en las madres, y qué podían hacer para resolverlas con éxito. Me interesaba muchísimo que las madres lo supieran para que ellas mismas pudieran presentar las soluciones.

La conducción de la comunidad estaba integrada por los muy educados y cultivados en la experiencia de la vida, y cuya meta consistía en dar oportunidad a todos para que crecieran y prosperaran. Se consideraba como un máximo delito todo acto o toda intención de explotar al público o usar un oficio por interés material o soborno.

Una vez una ciudad eligió a su alcalde, un hombre sin título alguno. En una conversación con un caballero mayor, observé que el alcalde no tenía diplomas. El señor mayor me contestó: «El máximo certificado o diploma que un hombre puede tener es, primero de todo, su motivación pura; segundo, su experiencia; y tercero, su aptitud para observar y discernir».

Aquel alcalde estaba en su oficina desde las 5 de la mañana hasta las 7 de la tarde todos los días; algunos de sus ayudantes eran muy educados y con diplomas. Sirvió a su comunidad hasta que falleció. En su lápida escribieron: «Un gran hombre es el artífice del trabajo individual del hombre mismo».

Los dirigentes eran quienes no recibían paga, pues ser elegido dirigente era un honor y no una contienda competitiva. Uno podía ser electo para el oficio si no necesitaba dinero, si se autosostenía y se contentaba con lo que tenía, ingresando en el oficio con la única intención de servir. Estos dirigentes eran personas de gran éxito y la comunidad los amaba por sus obras filantrópicas y por su moralidad.

Los dirigentes eran personas jubiladas. La jubilación no era cuestión de edad sino de ser autosuficiente y estar satisfecho, lo cual podía ocurrir luego que un hombre cumplía bien con sus obligaciones. Algunas personas solían retirarse entre los 40 y los 50 años de edad.

Después de los 50 años de edad, si el hombre había suministrado un buen ingreso y asegurado un buen futuro a su familia, solía prepararse para el «viaje a la eternidad»; era después del retiro que muchas personas se apartaban de la sociedad y se consagraban a una vida espiritual. Estos hombres y mujeres en su mayoría ingresaban en hermandades sagradas, monasterios o conventos para aprender meditación, el acto de la continuidad de la consciencia, y el misterio del alma y de la inmortalidad. Solían prepararse para fallecer con la consciencia de los contactos superiores y para consagrar sus vidas a Dios. Algunos de ellos vivían la «doble vida del discipulado», y eran hombres y mujeres consagrados a la educación espiritual superior y también hombres o mujeres de un oficio superior en la comunidad.

Había otra costumbre interesantísima. A los niños se los instruía para que hablasen sólo cuando era necesario. Los padres solían decir que una palabra desperdiciada es energía desperdiciada, y nada deforma a la mente más fácilmente que las palabras usadas sin finalidad o por charlatanería. Cuando un individuo era demasiado charlatán, la gente solía considerarlo vacío de valores reales o lleno de motivaciones deshonestas.

Las familias enseñaban, también, una gran virtud desde la infancia. Era la virtud del desapego. Quienes podían aprender el desapego eran considerados maduros. Al apego a las cosas materiales se lo consideraba un obstáculo en el camino de la perfección. Muchas veces vi personas que daban a sus amigos el caballo o el borrico que tenían, o los juguetes que habían fabricado. La generosidad era la señal de la realeza espiritual.

En los grupos esotéricos avanzados, el desapego se ejercitaba en niveles emocionales y mentales. A los estudiantes se les decía que todo lo que tenían o tendrían no les pertenecía realmente sino que eran custodios y encargados, de modo que las cosas se usaran económica y constructivamente, de un modo adecuado a una meta.

La escuela real era la vida con todas sus relaciones, y había un dicho: «Para quienes están dispuestos a aprender, la vida se convierte en su sabio Maestro».

En las comunidades antiguas, la gente era muy directa con sus hijos acerca del fenómeno de la muerte. Recuerdo mi primera lección respecto a ella. Mi corderito se accidentó y murió. Acudí directamente a mi Padre diciéndole: «¿Qué le pasó a mi cordero?».

Mi Padre se sentó, tomó mis manos entre las suyas, y me comentó: «Me interrogas sobre un gran misterio, pero sé que lo entenderás cuando te lo explique. Todas las formas –continuó– están construidas por dos factores: la vida y la materia. La vida crece, siente, piensa, crea; la materia da forma a nuestra vida, a nuestros sentimientos, pensamientos y creaciones. Ese es el deber de la materia. Cuando la materia no puede cumplir sus deberes, se desintegra de diversos modos, y la vida desaparece.

» Cada ser humano es una vida; cuando el cuerpo muere, la vida se marcha y forma otro cuerpo y vuelve nuevamente a existir, en la materia. Es como cuando uno va a la escuela y vuelve a casa, y luego regresa a la escuela.

»Tu cordero no murió, sino que murió su cuerpo. La vida de ese cordero volverá, y tendrás un nuevo cordero.

«Pero, papá, ¿no es doloroso el morir?».

«Así parece por un segundo. Pero la vida disfruta estando fuera de la materia, como cuando dormimos y abandonamos a nuestro cuerpo y eso no duele. Cuando yo muera, o muera tu Madre, o muera cualquier persona, entramos en una vida más grande y luego volvemos para aprender más. Llegamos a estar más felices, si en el pasado vivimos una vida de belleza. Ahora que sabes todo acerca de esto, vamos a enterrar al cordero».

Papá llevó el cordero hasta un almendro, cavó un pozo pro fundo y luego enterró al animal. Después de hacer esto, me dijo: «En primavera, el cuerpo de tu cordero dará energía a nuestro árbol y belleza a sus flores».

Desde entonces en adelante recuerdo que ese árbol fue muy especial para mí.

XI

LA RELIGION Y EL NIÑO

Es muy interesante advertir que la gente de las comunidades mencionadas nunca animaba a sus hijos a que participasen en prácticas religiosas. Pensaban que antes de acercarse a la religión, el niño debe tener una mente instruida para no caer en trampas devotas, y analizar, discernir y escoger mediante su libre albedrío.

La elección de la iglesia la efectuaba solamente la gente madura entre los 30 y los 40 años de edad. A los niños se les aconsejaba que no asistieran a las denominadas clases dominicales o bíblicas. Se los estimulaba a que leyeran acerca de héroes, historia y mitos, y a que estudiasen las ciencias y se dedicaran al deporte.

La gente de las comunidades solía pensar que las doctrinas religiosas y el estudio de la Biblia condicionaban la mente del niño de tal modo que éste no podía librarse de las limitaciones de las doctrinas, los dogmas y las influencias tradicionales y de esta manera no intentaba enfocar la vida a través de su lógica y su razonamiento independientes.

Cuando un niño se interesaba por las ideas religiosas, solían darle vastos lineamientos. En una ocasión en que interrogué a uno de mis instructores acerca de Cristo, me dijo: «Todo lo que puedo decirte acerca de Él es que llevó una vida de belleza, bondad, verdad y sencillez. Y como tú llevas tal vida no necesitarás saber lo que dicen otras personas acerca de Él porque tu Alma estará en contacto con Él».

Esta breve conversación salvó mi vida. Después de eso, consideré la enseñanza de Cristo como una experiencia viva más que como un dogma, una doctrina o una teología que me parecieron, en suma, una pérdida de tiempo.

A los 14 años de edad concurrí a una iglesia con mi Padre. En mi corazón tenía un deseo secreto de encontrar a Cristo. Las ceremonias, los cánticos, los ritos eran muy interesantes, y cuando todo concluyó, mi Padre me presentó al Obispo quien me dijo: «Me complace verte aquí».

«Gracias, le contesté».

«Disfrutaste los himnos?», me preguntó.

«Sí», le repliqué, «pero...».

«¿Pero qué?» me preguntó.

Luego de una larga vacilación, me volví hacia mi Padre y le pregunté en un susurro: « Pero ¿dónde está Cristo?».

Mi Padre miró al Obispo y esperó que éste me contestara, pero el Obispo sonrió y me dijo: « Muchos nos dicen dónde está Él, pero honradamente no lo sé...».

«¡Qué lástima!», dije, «y me alejé con los ojos húmedos. Me sentí herido y deprimido varios días porque supe que mi Padre tampoco tenía respuesta».

A nadie más le repetí mi pregunta; percibí que hallar respuesta a ella sólo era posible llevando una vida de belleza, bondad, verdad y sencillez.

Entonces se celebraban en casa algunas reuniones religiosas pero mi Padre no me invitaba y yo no me sentía interesado por ellas.

Un día mi hermana, que solía asistir, me dijo que yo disfrutaría participando de esas reuniones. Le pregunté qué era lo que hacían en ellas y me replicó que rezaban, meditaban y conversaban. Le contesté: «No quiero eso».

«¿Por qué?», me preguntó.

«Me parece que eso es inútil».

«Pero», me dijo, «debes saber qué ocurrirá cuando mueras».

«No me preocupa. Sólo busco a alguien que sepa dónde está Él».

«¿Quién?», me preguntó.

«Cristo», le contesté.

«¿Estás loco?».

«No, no lo estoy. A menos que Lo encuentre, no hay nadie que pueda enseñarme las cosas que quiero saber».

«Papá conoce muchas…».

«Tal vez las sepa, pero ¿dónde está Cristo?».

Me abrazó, y sentí que sus lágrimas caían sobre mi cabeza… luego, besándome me dijo: «Un día Lo encontraremos…».

Pocos días después me sentí muy mal porque hubo otra reunión, pero en lugar de asistir a ella, mi hermana decidió jugar a la pelota conmigo en el jardín. Desde ese día, casi todas las noches, en vez de decirnos las buenas noches solíamos abrazar nos y susurrarnos nuestras palabras secretas: «Un día Lo encontraremos».

En una ocasión le pregunté a mi Padre sobre la Biblia, si era bueno estudiarla. Me dijo que la había leído desde la primera hasta la última página siete veces.

«¿Cuál es tu impresión, papá?», le pregunté.

«No la leería más, aunque tuviera ocasión para ello», replicó.

«Pero creí que enseñabas la Biblia en las reuniones de casa...».

«No, para nada».

«¿De verdad?», le pregunté. «Entonces, ¿qué estás enseñando?».

«No es tiempo de que te cuente los pormenores. Necesitas estar bastante maduro antes que puedas ingresar, y no puedes disfrutarlo».

«¿Es un secreto?», le pregunté.

«No, no lo es».

«¿Es sobre religión?».

«No, no lo es».

«Entonces, ¿qué es?».

«Es una técnica por la que se puede desarrollar y entrar en contacto con realidades más profundas».

«¿Cuáles, por ejemplo?».

«Realidades interiores y más profundas».

«¿Eso es realmente útil?», pregunté.

«Sí, lo es».

«Entonces, ¿por qué no puedo entrar?»

«No te dije que no puedas entrar, sino que tal vez no lo disfrutes».

«Tal vez sí».

«Entonces, cuando estés bastante maduro, lo tendré en cuenta invitándote».

Pasaron los años, pasé por muchas escuelas para hallar la respuesta a mi búsqueda: dónde y cómo podría encontrarlo a Él. Libros, sacerdotes, obispos no me interesaron. Me parecía que no sabían de qué estaban hablando. Desarrollé algún género de sensibilidad, pues cuando un sacerdote o un obispo solía hablar acerca de Él, yo podía detectar en sus ojos que éstos sólo hablaban y sabía que su charla era sólo emoción, lógica, pero no experiencia... Y lo que yo buscaba era a alguien que estuviera *en contacto* con Cristo.

Recuerdo el día en que le pregunté a mi maestro sufí si conocía a alguien que supiera cómo entrar en contacto con Cristo. Me miró con fría expresión y me abofeteó diciéndome: «No te atrevas a preguntar eso otra vez».

Me alejé unos tres o cuatro metros y le pregunté: « ¿Por qué no?».

«Ven aquí, y te diré por qué no».

«Usted me pegará de nuevo».

«No lo haré».

Entonces me acerqué a él y me senté cerca de sus rodillas.

Me miró un momento y me dijo: « Ya hace setenta años. Lo estuve buscando una montaña tras otra, y hace sólo unos pocos días Lo encontré».

Me puse de pie dé un salto, coloqué mis brazos alrededor de su cuello y con lágrimas en los ojos le dije: «¿Realmente Lo encontró?».

«Te hablaré después...».

«¿Cuándo será posible que yo Lo encuentre?».

«Cuando muchas líneas se encuentren…», y de pronto se puso de pie y se alejó.

Toda esa noche no pude dormir. Yo tenía miedo de ir tras él, pero quería saber más acerca de su experiencia.

A la mañana siguiente me dirigí a su cuarto. La puerta estaba abierta, y dentro estaba totalmente vacía… Se había ido…

«Cuando muchas líneas se encuentren».

La religión real es una comunicación entre lo más elevado que tú puedes alcanzar y tú. Tal comunicación puede ser posible sin una religión organizada. Siempre que enseñamos la belleza y la verdad y expresamos la bondad a través de nuestro servicio sacrificado, tomamos contacto con lo Supremo.

Por desgracia, los movimientos religiosos de la actualidad son procesos de lavado de cerebro que consisten en reuniones sociales, política, negocios y fiestas. Los niños no deben ser conducidos por religiones organizadas sino por ideales, ideas religiosas.

No es bueno introducir a los niños en prácticas religiosas que moldeen su actitud hacia la vida, pero podemos darles principios superiores para que vivan sin religión. Podemos aportarles la belleza revelada por los grandes Salvadores, sin canalizarla a través de una religión organizada.

Una religión organizada es separatista y no puede crear seres superiores. No es bueno introducir a los niños en el conflicto religioso, sino que hay que darles la esencia de las religiones sin el espíritu de separatismo y orgullo, y enseñarles virtudes y principios superiores por los cuales vivan. Podemos aportarles la belleza revelada por los grandes Salvadores sin instilar en los niños actitudes antagónicas. Nuestra enseñanza religiosa impide a los niños que tomen contacto con las ideas de la Nueva Era, pues las religiones tratan de evaluarlo todo a través de su propia creencia y así pierden de vista la nueva revelación. En muchísimas épocas, los niños atravesaron por experiencias religiosas, y en su mayoría están preparados para nuevas visiones que son más amplias y más humanas que las que tuvieron antes. Los niños son a veces diferentes semillas de reinos diferentes, y los obligamos a que florezcan como la flor que nosotros queremos que sean. Esta es la máxima catástrofe, pues se está impidiendo que el niño haga aflorar su propia belleza y cumpla así su propio destino. Es prudente no darles jamás lecciones o prácticas religiosas o nacionalistas. Se debe tratar de ayudarlos a que disciplinen sus cuerpos, sus emociones y sus mentes y se les debe permitir luego que tengan sus propias respuestas a la Vida Omnipotente. Toda Enseñanza impuesta es un paso hacia atrás en el sendero de la evolución.

Podemos mostrar a la religión como una relación entre el hombre y Dios, entre el mundo subjetivo y el mundo objetivo, entre el pasado y la totalidad. Pero al enseñarla debemos también averiguar por qué las religiones no lograron crear una humanidad ideal, y dónde fracasaron, y cuánto debe reemplazarse de lo que es obsoleto hasta que lleguemos a la conclusión de que «el vino nuevo necesita odres nuevos», como dijo Cristo.

Muchas personas religiosas no estarán de acuerdo con este concepto, pero lo estén o no, la Nueva Religión, cuya naturaleza es la síntesis, ya está en proceso de formación. Llevará tiempo para que influya fuertemente en la vida de la humanidad, a través de quienes ya vencieron su separatividad.

Muchas personas preguntan si a un joven debe enseñársele meditación. En los primeros años del niño es mejor enseñarle cómo observar, cómo controlar sus movimientos y acciones, y su lengua, cómo caminar, sentarse, conversar, y luego cómo concentrarse, cómo elegir, y cómo discriminar.

Los niños deben aprender primero a disciplinar sus cuerpos, a través de bailes, movimientos, marchas, natación y varios otros deportes. Luego deben disciplinar su naturaleza emocional a través del arte, de la belleza y de la creatividad. Deben crearse condiciones en las que ellos se cuiden uno al otro, trabajen uno para el otro. Pueden crearse muchos juegos para cultivar la atención, la observación, la concentración y la discriminación de los niños.

En una edad mayor, digamos de los 15 a los 18 años, puede enseñárseles cómo observar sus acciones, emociones y palabras, tratando de hallar sus motivaciones u origen.

En conjunto, deben aprnder a usar su triple mecanismo de modo que éste, a su tiempo, los ayude alcanzar sus planes y trabajos futuros. Esto continuará hasta que tengan entre 18 y 21 años de edad, cuando la meditación se les puede entonces presentar como el arte del pensamiento claro para el bien supremo de la humanidad y como el mejor camino hacia la creatividad. No se practicaba la meditación hasta que alcanzaban esa edad, o habían completado su segundo año de escuela, o se habían diplomado en una escuela superior durante dos años. Tal como no se sugiere a una muchachita que intente quedar embarazada antes de que llegue a su madurez, de igual modo hacer que un joven medite tendrá un efecto nocivo sobre su crecimiento futuro.

La meditación efectúa una pesada presión sobre el sistema nervioso del niño y prepara el terreno del fracaso de las actividades futuras. Incluso diría yo que una persona físicamente madura no deberá meditar si su mente es la de un adolescente. La meditación, en tales casos, abre el influjo de la intuición y convierte a esa persona en un ser humano inútil o quema los fusibles de su mente y lo convierte en una carga para la sociedad.

Cuando el cerebro y la mente del niño se mantienen sanos hasta los 21 años de edad, ese muchacho podrá entonces cargar su mente con pesados estudios y grandes trabajos creativos sin reacciones físicas negativas. El cimiento deberá estar listo para construir la estructura del futuro.

XII

LAS PORTADORAS DE ANTORCHAS

No es necesario que una mujer tenga un hijo para que sea o se sienta Madre. *La maternidad no es una función biológica. La maternidad es una función psicológica, espiritual.* La maternidad es la energía que ofrece las condiciones correctas para que crezcan las virtudes, para que se realicen las grandes obras, para que florezca la creatividad y sobreviva a la raza humana en una evolución progresiva y en la belleza.

En el corazón de cada mujer puede verse a una Madre. Puede ser una mujer que dio a luz un movimiento poderoso, o inspiró a grandes hombres para que realizaran actos heroicos; o ella misma realizó actos heroicos, o avizoró el avance de toda la humanidad; o se convirtió en una Madre del arte y de la belleza.

Uno de los deberes supremos de una mujer es ser una Madre ideal, pero cuando los hijos crecieron como para necesitar menos de sus cuidados, ésta deberá ingresar en el mundo de la política, de la educación, de la comunicación, las artes, las ciencias, la religión y la economía. Ella podrá aportar gran belleza, sabiduría y experiencia en estos campos, o podrá continuar sus estudios por cauces de especialización.

Muchas veces me han preguntado sobre el papel real de la mujer en la conducción mundial. Para contestar esta pregunta debo construir unos pocos puentes. Primero, las mujeres, en su mayoría, están ancladas en sus vehículos emocionales. Esto da a la mujer una ventaja sobre el hombre y la vuelve sensible al medio ambiente, a la gente y a las condiciones de ésta. Sus cambios físicos se traducen en varias emociones. Ella habla un lenguaje de emociones, sin importar qué palabras use. Habla el mismo idioma que un hombre, pero para ella ese idioma tiene significado emocional: es más directo, más involucrado en la persona. Al lenguaje que el hombre habla ella lo traduce a un significado emocional.

El hombre habla principalmente un lenguaje físico, o si es educado, habla un lenguaje mental y traduce la palabra de la mujer a un lenguaje físico o mental.

Así hay una brecha entre el hombre y la mujer, pero esta brecha es menor para la mujer porque las emociones son *inclusivas,* mientras que el cuerpo o los pensamientos son *exclusivos.* El cuerpo o los pensamientos actúan o piensan principalmente para sí. Las emociones son comuniones, participa ción; los pensamientos son observaciones, análisis.

La labor más importante de una mujer es elevar su foco de consciencia de su naturaleza emocional a su naturaleza intuitiva sin crear una brecha entre ellas.

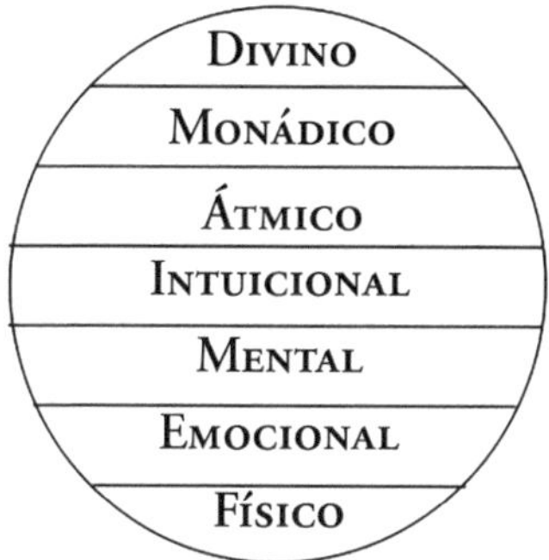

El mundo emocional de una mujer está lleno de apegos cuando ella desarrolla su mente a expensas de su intuición. Estos apegos hacen que ella traduzca el mundo que la rodea a través de sus sentimientos y pensamientos. Ella proyecta sus sentimientos sobre todos los fenómenos que la rodean. Esto hace que sea egocéntrica, exigente, retraída, y que incluso rechace a los demás. Percibe los puntos de vista de los demás y los entiende, pero rechaza a las personas.

Si ella logra elevar su foco de consciencia desde el plano emocional al plano intuitivo, se rompen los apegos y en su consciencia nace un espíritu de inclusividad y universalismo. Ese es el sendero natural de una mujer. Reparte todo lo que reunió, todo aquello a lo cual servía, para sentirse separada. Ahora, en el proceso de dar las cosas se siente inclusiva y universal.

La intuición es superior a la mente. La intuición es un millón de veces más veloz que la mente. El hombre debe elevarse de un foco mental a un foco átmico para trascender a la mujer. Esto es dificilísimo de hacer. Sólo quienes elevan su consciencia del plano mental al plano Átmico a través del plano Búdico, pueden demostrar la maestría de la vida. Pero esto no significa que la mujer no pueda trascenderse. El siguiente sendero de menor resistencia es para ella elevar su consciencia del plano Búdico al plano Monádico a través del plano Átmico. Esta es realmente una gran labor; quienquiera que pueda realizarla se llama en Oriente una Tara, una Maestra, una gran Madre.

La Madre de Jesús fue una de estas grandes mujeres que realmente introdujeron a los discípulos en la acción y organizaron el primer movimiento evangélico para difundir las ideas de su Hijo.

La conducción del mundo va a ir a parar a las manos de esas mujeres que se elevan del plano astral al plano Búdico. Los signos muestran que las mujeres logran elevar mejor su consciencia al plano Búdico que los hombres al elevar su consciencia del plano mental al plano Átmico.

Al plano mental a veces se lo llama «el asesino de lo Real». El hombre está atrapado en un mundo de irrealidad que, para él, es el mundo de la realidad.

Una joven, casada con un científico, le hablaba así a éste: «No necesito todas tus teorías, toda tu lógica y toda tu política. Dame tan sólo un minuto de amor. Un beso es más real que todo lo que tú crees saber». Esta es una reacción típica de una mujer, y su base es intuitiva.

Otra vez, oí que una muchacha le decía a su «sabio» novio: «Amor, por favor, olvida los problemas del mundo y ámame. Ningún problema puede resolverse sin amor, y debes saber primero qué es el amor está antes de resolver tus problemas». Por supuesto, esto suena egoísta, e incluso manipulador, pero la mujer sabe que el concepto es cierto. Tiene una coloración manipuladora, pero fundamentalmente es intuitivo, si se lo entiende correctamente.

Debido a la ventaja de ser más intuitivas que mentales, las mujeres controlan las acciones del hombre detrás de la escena, principalmente en favor de sus fines emocionales. *Pero los tiempos están cambiando. Las mujeres ahora pueden desarrollar sus mentes y abrir el mundo intuitivo más que en cualquier época de la historia humana.* Si persisten, conducirán a la humanidad hacia la cordura, el universalismo, la paz verdadera y la comprensión. Todos éstos son los dones de la nueva Era de Acuario.

Cuando una mujer está adherida a sus apegos emocionales y no tiene destellos intuitivos, se convierte en víctima del hombre. No sólo es explotada, sino que también explota. Millones de mujeres son manejadas por el hombre, quien usa su mente inferior para explotar a la mujer en su propio beneficio. Si una mujer se apega a su naturaleza emocional, tiene fuerte tendencia a depender del hombre dotado de mente.

Cuando la mujer desarrolla su mente, tiene tendencia a tomarse venganza del hombre de muchas formas. Su liberación no es a través de la mente de ella sino a través de su intuición. Una mujer intuitiva es muy espiritual, progresista, libre e inclusiva.

Una mujer emocional es esclava de sus apegos. Es religiosa, pero fanática y separatista. Abandona la religión cuando desarrolla su mente, y se torna espiritual cuando se vuelve activa en la luz intuitiva.

El hombre ataca las emociones de la mujer para conquistarla. La mujer ataca los instintos, los deseos y los impulsos de la naturaleza física del hombre para esclavizarle.

Una mujer intuitiva no está atrapada en estos juegos. Tiene una gran tarea. Su tarea es salvar a su hijo y hacer que éste crezca sano y bello. *Su hijo es la humanidad.* Su gloria es la *cultura* de su hijo.

Una mujer emocional quiere poseer. Porque tiene destellos ocasionales de intuición, especialmente cuando sufre, sabe que sus posesiones no le pertenecen, pero finge que es dueña de ellas totalmente sólo para atraer la atención. Una vez que consigue lo que quiere, está lista para renunciar a todas sus posesiones.

Una mujer intuitiva no gusta poseer porque lo que posee limita su libertad.

Una mujer intuitiva defiende la libertad. Su libertad es una aptitud para no ser esclavizada por deseos e impulsos físicos, trastornos emocionales o racionalizaciones mentales, y en lugar de ello, para estar en condiciones de ayudar a todos para que crezcan en libertad y expresiones creadoras.

Una vez, una mujer le dijo a otra: «Eres una gran artista, pero eres una artista emocional».

«¿Por qué piensas que lo soy?», replicó.

«Porque conviertes a tu marido en tu muñeco o tu sirviente. Si avanzas en tu creatividad, le ayudarás a liberarse de ti».

«Pero entonces lo perderé ¡y tú ocuparás mi lugar!»

«Si me apodero de él, lo tendrás de vuelta como un ser humano liberado».

Una mujer intuitiva odia ver a un hombre como esclavo, no sólo de las demás mujeres sino también de su propia naturaleza.

Un hombre avanzado que se encauza hacia los niveles átmicos tiene un modo parecido de mirar a una mujer. Una mujer limitada en su cuerpo, sexo, bienes y con trastornos emocionales, lo rechaza, pero él la desafía con sus logros y belleza. Así él crea un gran deseo en ella de trascender su nivel y acercarse a él.

Algunas mujeres evolucionan y florecen en presencia de un hombre que está en la luz del plano Átmico.

Así el hombre y la mujer actúan como puente y viajero, alternadamente.

Las mujeres no sólo tienen un papel singular que representar ante su familia, sino también una responsabilidad única:

1. Proteger la vida.
2. Proteger el desarrollo correcto de la vida.
3. Suscitar lo más elevado que está latente en el hombre.
4. Proteger la belleza.
5. Proteger la paz y la armonía.
6. Proteger a los frutos de larga data de la labor de la humanidad.
7. Proteger la Enseñanza respecto de la degeneración.
8. Estimular lo mejor en todos los campos.
9. Esforzarse hacia el futuro.

10. Aprender y enseñar las leyes del sacrificio y del servicio.
11. Producir las más elevadas técnicas de supervivencia.
12. Inspirar creatividad en todos los campos.
13. Revelar las posibilidades futuras de la vida después de la muerte.
14. Explicar la ley del amor y de la compasión.

Es bueno que celebremos el Día de la Madre, pues es un día durante el cual las madres deben recordar sus sagradas responsabilidades hacia la vida. Debe ser un día de verdadero recuerdo de sí, de contemplación y esfuerzo, a través del cual pueden tocar la llama dentro de sí e irradiarla hacia el mundo necesitado.

En la literatura del Agni Yoga leemos:

> *En verdad, las mujeres deben custodiar sacramente el cáliz que les fue confiado: la mudanza de consciencia y la salvación del mundo. La época de Maitreya es la época de la mujer.*[6]

Es muy hermoso ver a las mujeres luchar por los derechos femeninos, pero más grande aún sería si las mujeres formaran un nuevo grupo, una nueva organización, que revelara a la humanidad las responsabilidades de las mujeres y luchara para restaurar las condiciones en las que ellas las pudieran cumplir.

Tomemos la *primera* responsabilidad de una mujer o de una Madre, que es *proteger la vida.* Cuando una mujer da a luz una vida, va a permanecer junto

6. Agni Yoga Society, *Cartas de Helena Roerich*, Vol. l, p. 451.

a esa vida, preservándola. Tal tarea abarca todos los campos: social, económico y político, en los que esa mujer va a estar en actividad para proteger la vida.

Un día recibí una carta de la creadora de una fundación para gatos, y allí todos los que trabajaban eran mujeres. En la carta, la dama declaraba que «Nuestra responsabilidad es proteger las vidas de los gatos». ¡Cuánto mayor esfuerzo se necesita para proteger las vidas de millones de niños en todo el mundo! La gente empezó a trabajar en serio contra la contaminación ambiental, intentando salvaguardar la vida en el mar, la vida en el aire, la vida en el bosque, la vida en el reino vegetal (árboles, flores, arbustos), protegiendo la vida de la humanidad.

¡Qué gran cosa tienen que hacer las mujeres, preservando la vida, cuidando la vida! Si se dedican a semejante tarea, darán formidables pasos en el mundo protegiendo la vida en vez de organizar bailes hasta la mañana, asistiendo a clubes de juego o estando sentadas muchas horas frente al aparato de televisión. Las mujeres pueden organizar grupos y organizaciones que hagan oír sus voces en todo el mundo declarando que la vida debe ser protegida. Ellas afirmarán: «El hombre no conoce el daño que está infiriendo a la vida, y por ello no le permitiremos que siga contaminando al mundo. La mujer es la protectora de la vida». Pero si tenemos mujeres que no están educadas ni abiertas a tales principios, a tales responsabilidades, entonces es inútil que traigan hijos al mundo porque éstos trabajarán contra la vida.

La *segunda* responsabilidad de una mujer es *proteger el desarrollo correcto de la vida.* Trajiste un bello bebé a un mundo de primorosos árboles y peces en el mar, bellas aves en el aire. ¿Estás creando las condiciones que puedan sostener la vida de estas formas biológicas? Por ejemplo, en tus escuelas o en tus programas de televisión, ¿estás trabajando en favor de la vida? Recibí una carta que decía: «Estamos contra la violencia en el cine». Eso está bien. Pero ¿qué estás haciendo realmente para *detener* estas cosas? En lugar de ello, nos cortamos el cuello mutuamente o enseñamos modos de destruirnos. ¿Qué estamos enseñando a nuestros hijos para que éstos sostengan y protejan la vida? ¿De qué modo ellos van a proteger su vida y hacer que esta vida crezca para ser como una flor que se abre, una gran belleza activamente radiante?

No sólo las mujeres protegerán la vida, sino que también prepararán las condiciones en las que estas vidas puedan crecer. Por ejemplo, tú compras un lindo árbol para tu jardín. Está realmente sano y es bello, pero ¿tienes un primoroso jardín con buen suelo, un delicado sitio al que llegue el Sol? ¿Tienes agua, fertilizante, y todo lo necesario para que la vida del árbol se sostenga y continúe?

Es por eso que cuando hablamos de madres, hablamos de responsabilidad. Si el niño es bueno, si es creativo, es porque su Madre lo vigiló, no de modo obsesivo ni posesivo, sino de modo inspirador, llevándolo por rumbos creativos en sus primeros años.

La *tercera* responsabilidad de una mujer es *suscitar lo más elevado que está latente en el hombre.* La responsabilidad de la mujer no termina sólo con su hijo. Si tiene esposo, si tiene un hombre junto a ella, ¿qué va a hacer? Suscitará o producirá lo mejor en ese hombre año tras año. La mujer puede hacerlo. He visto suceder eso en muchos casos. Debido a una mujer, un hombre está floreciendo; debido a una mujer, un hospital era diferente, una clínica fue diferente, un grupo fue diferente.

La mujer tiene cierto modo mágico y misterioso con el que despierta lo mejor en un hombre. La mujer está más adelantada fisiológica y espiritualmente que el hombre, pero lo mejor que la mujer puede extraer del hombre es lo mejor que hay en ella. Semeja un imán, pues cuando toca a un hombre, cuando habla a un hombre, cuando sonríe a un hombre, ese hombre percibe que se está sublimando más, que se transforma más debido al contacto con ella.

Cuando hablamos de contacto, no hablamos de «técnica». Por ejemplo, un día me encontré con una maestra que les enseñaba a las muchachas a ser «magnéticas» y les decía: «Caminen así, miren de este modo, arreglen su pelo de esta manera». En realidad, lo que les enseñaba era una técnica. Entonces le pregunté: «¿Tuvo usted algún resultado?». «Es bastante curiosa la pregunta», me dijo. «Hubo resultados pero no duraron». Esto es lo que yo quería saber. ¿Por qué eso no dura? Porque es artificial, porque es una técnica.

Una mujer debe tener grandeza en sí misma para obtener grandeza de los demás. La mujer debe construir esa grandeza, construir esa belleza, construir ese mecanismo creativo dentro de sí para que su magnetismo creativo extraiga la belleza del hombre. Si un hombre tiene la mano mágica de una mujer, el amor mágico de una mujer, se transformará. Muchísimos gastos médicos podrán ahorrarse, muchos gastos legales podrán detenerse si el hombre tiene una mujer comprensiva, compasiva y amorosa que sea muy educada y esté muy transformada en su ser interior.

La *cuarta* responsabilidad de la mujer es *proteger la belleza.* La mujer significa belleza. La psicología de una mujer está a favor de la belleza. La mujer es atraída instintivamente hacia la belleza. Por ejemplo, estaba yo observando a dos criaturitas, un niño y una niña de siete y ocho años de edad. La niña cuidaba de su cabello, le ponía bellos vestidos y joyas a su muñeca, y trataba de caminar de un modo especial. El niño no. Él quería jugar, construir algo o pelear; tenía diferentes motivaciones.

Crear un hijo significa unificar y sintetizar muchos principios y leyes de modo tal que se convierta en un cuerpo y un alma. Este fenómeno parece fácil. El hombre y la mujer se casan y llega el bebé. Pero eso no es fácil. Millones de principios secretos y misteriosos operan para que se manifieste un hijo.

La mujer representa la expresión del Creativo Principio del Universo, y ese Principio Creativo significa solamente la expresión de la belleza. El proceso de dar a luz es un procedimiento artístico para manifestar una belleza. La belleza es la manifestación de la armonía del Poder Omnipotente. Cuando ella manifiesta belleza ayuda al Principio Creativo a que Se manifieste. Este Principio se manifiesta a través de sus acciones, pensamientos y emociones creadores. Da a luz al gran Principio Creativo que está oculto dentro de ella.

Una de las máximas responsabilidades de una mujer es preservar la belleza, sostener la belleza: la belleza de su entorno, la belleza de su jardín, la belleza de su casa, la belleza de los colores de su hogar, la belleza en cómo visten sus hijos, la belleza de las relaciones humanas, la belleza de la sabiduría de las Eras, la belleza del pensamiento humano, la belleza creada por la labor humana, la belleza del corazón.

Un día, una Madre llevó a su hijito a una excursión campestre. En ésta, el niño vio un par de zapatos abandonados bajo un árbol, y preguntó: «Mamá, ¿sabes de quién son esos zapatos?». La Madre señaló hacia donde estaban jugando unos niños y le contestó: «Sí, lo sé. Aquel niño corpulento los dejó hace un rato». «Ah», exclamó el niño. «¿puedo tomar sus zapatos y esconderlos en algún sitio, para que cuando vuelva a buscarlos no pueda encontrarlos?». «Sí, puedes hacer eso», le dijo la Madre, « pero, ¿qué podríamos hacer que sea más simpático que eso? ¿Qué te parece si tomamos un dólar de mi cartera y se lo ponemos en el zapato y luego nos escondemos, y cuando aquel niño venga, vemos qué ocurre?».

Se ocultaron detrás de un árbol y después de un rato el muchachito volvió a buscar sus zapatos. Al ponérselos, sintió que dentro de uno de ellos había algo, metió la mano y halló el dólar. «Vaya!», gritó. « ¡Hay un dólar en mi zapato! ¡Miren!». Todos sus amigos se congregaron alrededor de él, saltando y aplaudiendo.

El niño que estaba escondido junto con su Madre se sintió muy feliz. Quiso salir de un salto de atrás del árbol e ir a abrazar a aquel niño, pero su Madre le dijo: «A veces es mejor no ponerte en evidencia cuando haces feliz a la gente».

Hay una gran belleza en inspirar a nuestros hijos, en mostrarles modos y medios totalmente diferentes de los que graban en sus mentes ciertos espectáculos televisivos, cinematográficos o radiofónicos. Las cosas que se graban en la mente de un niño quedan allí adheridas, y el niño actúa automática y mecánicamente a partir de estas impresiones. Las madres pueden borrar estas imágenes despertando belleza en el niño a través del amor que le brindan. La Madre es la guardiana de la belleza.

En 1938, Nicolás Roerich, artista y filósofo de fama mundial, escribió una carta abierta a las naciones del mundo: «Protejamos a las bellezas del mundo de la destrucción causada por las bombas. Protejamos nuestras catedrales, nuestros museos, que son las flores creativas pertenecientes a la labor humana». Muchas personas respondieron al llamamiento, y la mayoría eran mujeres. Debido al sacrificado trabajo de estas mujeres, muchos objetos de la creatividad humana fueron protegidos en Europa y otros lugares en la época de la guerra.

La mujer representará la protección de la belleza. Siempre que una mujer vea a personas que están tratando de destruir la belleza, tiene derecho a inspirarlas para que no lo hagan, afirmando que «La belleza de nuestros lagos debe preservarse; debe conservarse la belleza de nuestras montañas; debe protegerse la belleza de nuestros hijos». Si las mujeres representan la belleza, nadie se alzará contra ellas. Las mujeres tienen poder: tienen poder físico, emocional, mental y espiritual. La mujer tiene el poder para despertar mayores aptitudes y talentos en sus hijos y esposos. Es así como ganan su liderazgo. El liderazgo real es el proceso de extraer lo mejor de la humanidad. La mujer ya está dedicada a esta gran labor. Un gran Sabio dice que nuestro sistema solar es un sistema solar femenino, y nos guste o no, cada vez más en los siglos venideros, la mujer conducirá y gobernará al mundo.

La *quinta* responsabilidad de la mujer es *proteger la paz y la armonía.* Si hay alguien que tenga derecho a hacer esto, ese alguien es la mujer. Recuerdo que en el Medio Oriente había un desacuerdo entre dos clanes y ambos bandos se preparaban para derramar sangre. Viendo que el peligro crecía, las mujeres de ambos bandos se encontraron y decidieron advertir a sus hombres contra tal acción. Antes de que fuera demasiado tarde, las mujeres de ambas facciones se movilizaron de tal modo que detuvieron toda acción encaminada al derramamiento de sangre.

Oí que las mujeres les decían a sus esposos, hijos y hermanos: «Si ustedes van a la guerra, éste será el final. Las vidas de nuestros hijos son más importantes que aquello por lo cual están ustedes riñendo». Recuerdo que un hombre muy influyente decía: «¿Por qué pelear si perderemos el amor de nuestras madres y de nuestras esposas?».

Adviértase el poder que la mujer posee.

Relaciones humanas correctas en el mundo. ¿Por qué? –Porque si no hay relaciones humanas correctas en el mundo, si en el mundo no hay paz, los hijos que criaremos serán triturados bajo las ruedas de los tanques o se evaporarán en las llamas de las bombas. ¡Son tan bellos los hijos que criamos, abrazamos todos los días, y besamos, contemplando su futuro! Ese muchacho marcha con una ametralladora y mata a otro muchacho, y luego lo matan, y un tanque enorme tritura y mezcla sus huesos y su carne con la tierra. ¿Es por esa razón que tenemos un hijo? ¿Por qué no defender a los hijos, entonces? Los políticos tienen muchísimos modos de convencernos para que dejemos que nuestro hijo marche a la guerra... pero las mujeres de la Tierra no deben permitir que los hijos marchen a la guerra si piensan que eso no es beneficioso para la cultura y la civilización del mundo. Pon esto en tu mente y piensa en ello: dos muchachos que peleen entre sí demuestran la bancarrota de la lógica y la inteligencia; cuando inician la violencia, demuestran que no son seres humanos, sino bestias. Es mucho menos costoso llegar a las mujeres del mundo y despertarlas para que protejan la paz y las relaciones humanas correctas que desperdiciar billones y billones de dólares, lo mismo que los recursos de la tierra, para promover guerras.

La mujer enseñará desde el comienzo: «Hijo mío, no le pegues. Compréndele. Encuentra modos y medios de liberar la belleza en él; no le pegues ni lo mates». Si nuestros hijos son criados de este modo, no se convertirán en líderes y políticos que nos animen a pelear.

Asistí a una fiesta del Día de la Madre, en la que un hombre brindó así: «Nuestras mujeres son tan bellas, cocinan para nosotros; nos dan todas las sensaciones que necesitamos, y debemos darles flores». Y la fiesta terminó de ese modo. Ese no es el modo de celebrar el Día de la Madre. El modo de celebrar el Día de la Madre es recordar, tanto a las mujeres como a los hombres, que ellas tienen responsabilidades muy profundas y preciosas. No será una celebración digna si a las mujeres no se les recuerdan los máximos tesoros que tienen dentro de sí y el máximo poder que podrán ejercitar para el mejoramiento de la vida.

Si una mujer es sana en lo físico, emocional, mental y espiritual, esa mujer instintivamente no apoya a ninguna nación separada. Ama a su nación, pero también a todas las demás naciones, y a menudo piensa: « La mujer deberá establecer la paz y las relaciones humanas correctas, pues ella está a favor de la vida». Por lo general, es la mujer la que piensa universal y cósmicamente.

Esto es tan interesante que el primer grupo que sirvió a Cristo *fue* fundado por María, la Madre. Nuestro Nuevo Testamento no subraya esto porque en esa época la orientación era masculina. En esa época y en ese siglo el espejismo era tal que el hombre lo era todo y la mujer debía ser suprimida. María, la Madre, convocó a todos los discípulos y adeptos de Cristo alrededor de ella en el tiempo de Pentecostés y les dijo: «Fundemos el primer grupo de servicio e inspiración para el Gran Señor». Y llegó el Espíritu Santo, como lenguas de fuego, y se inició el Ministerio de la Luz.

La *sexta* responsabilidad de la mujer es *proteger los antiguos frutos de la labor de la humanidad.* Esta es la base de la ley de la economía. Las mujeres tienen una tendencia natural a ahorrar. No quieren destruir forma alguna que no pueda reemplazarse con una mejor. Mi abuela guardaba vestidos y uniformes de doscientos y trescientos años de antigüedad, preciosas manualidades, relojes, anillos y plumas de tatarabuelos y tatarabuelas. Tenía una habitación parecida a un museo que brindaba gran alegría cultural a muchas personas.

Las madres también deberán proteger del vandalismo a los grandes monumentos culturales e históricos de todos los países y de todas las naciones. Todos los objetos que irradian la labor de siglos, la labor del corazón y del genio, deben protegerse para disfrute espiritual y educación de generaciones futuras.

La *séptima* responsabilidad de la mujer es *proteger de la degeneración a la Enseñanza.* ¿Qué es la Enseñanza? *La Enseñanza no es nada más que la sabiduría que construye la base de la supervivencia y el progreso de todos hacia el Infinito.*

No nos referimos a ciertas religiones o sistemas filosóficos sino a la *esencia* de todas las religiones, de todas las filosofías, sobre la que descansa el cimiento de nuestra supervivencia y nuestra creatividad. La Enseñanza puede resumirse como bondad, belleza, rectitud, verdad, sencillez, gratitud, inofensividad, audacia, valentía, perdón, la posibilidad de progresar hacia el Infinito, continuidad de consciencia, la unidad de la vida, el servicio sacrificado y la alegría.

Hay muchísimas deformaciones en la presentación de las enseñanzas religiosas. En las enseñanzas antiguas, las religiones no eran exactamente como nos dijeron que eran. La religión real se funda en los cuatro principios siguientes:

- Justicia.
- Compasión.
- Libertad.
- Belleza.

No importa de qué modos distintos las religiones expliquen e interpreten estos cuatro principios; la base sigue siendo la misma. Si la religión se deforma y convierte en venganza o materialismo, en separatividad, en el culto de placeres y odios, entonces esa religión está deformada, esa filosofía está deformada, esa enseñanza está deformada.

¿Cómo podrá una mujer salvaguardar la Enseñanza? Lo primero que una mujer deberá hacer es entrar en contacto con su intuición. Esta es una cuestión importantísima. No aprenderá la Enseñanza sólo de los libros; aprenderá la Enseñanza entrando en contacto con la esencia recóndita de su naturaleza. Las mujeres pueden hacer esto porque, en gran medida, están orientadas intuitivamente. Algunas mujeres pueden entender la Enseñanza sin leerla para nada. Algunas mujeres pueden entender a un hombre sin hablar con él. Pueden percibir lo que él es. Las mujeres pueden ver intuitivamente la esencia de las cosas. Las mujeres deben entrar en contacto con esta fuente de sabiduría dentro de sí mismas, con el imán dentro de ellas, con la real compasión dentro de ellas, para que vean siempre el sendero correcto. Una vez que efectuaron un contacto dentro de sí, entonces si alguna Enseñanza se deforma en su hogar, en sus hijos, en su esposo, en su sociedad, podrán ponerse firmes, señalarla y proteger la Enseñanza. Es la mujer, la Madre, la esposa, la que advierte contra toda conducta degenerativa o todo mal comportamiento.

Por ejemplo, visitaba yo un hogar en el que el hombre golpeaba a su hijo y le gritaba: «¿Por qué mientes a tus amigos?». Entonces intervino la Madre y le dijo a su esposo: «Piensa en cuántas veces tú mientes. No puedes hablar de justicia o de verdad si estás mintiendo todo el día en tu negocio o con tu familia. ¿Por qué golpeas a este niño?». Una mujer puede ayudar a que un hombre esté en orden debido al amor de ella. Ella quiere sacrificarse y consagrarse al amor, a la justicia, a la protección de la Enseñanza.

La mujer debe forjar la nueva vida y crear la nueva civilización, un nuevo modo de vivir, una vida de relaciones internacionales, una nueva vida en la sociedad.

Para hacer estas cosas, la mujer debe estar realmente «cohesionada». ¿Cómo va a estar «cohesionada»? Un sencillísimo comienzo para una mujer es la vida de meditación: meditación y contemplación.

El contacto intuitivo con grandes ideas y grandes ideales es más fácil para las mujeres que para los hombres. Ellas pueden percibir los prototipos de cosas venideras; realmente, pueden ver los croquis más allá de las formas de pensamientos. Y al verlas o percibirlas, traerán esa belleza y ese plan a la Tierra y los manifestarán en sus relaciones diarias. A fin de construir una nueva civilización, las mujeres deben *saber* que, mediante sus esfuerzos, un nuevo mundo va a existir.

¿Cómo podrán cumplir esto? Ahorrando sus energías: física, emocional y mentalmente. Ahorrando su dinero. Ahorrando incluso todas sus vidas a fin de aplicarlas a una gran causa. ¿Y cuál es esa gran causa? Una nueva civilización, una nueva cultura. Si en el mundo las mujeres, en su mayoría, avizorasen positivamente lo grande, ¡qué energía ofrecerían para corregir las deformaciones en muchos ámbitos de la vida!

Tal vez más importante sea el hecho de que las mujeres pueden influir sobre sus maridos. Eso es fundamental; una mujer puede influir sobre su esposo, sus hermanos, sus tíos, sus primos, su familia; ella puede influir sobre el gobierno; puede influir sobre los ejércitos; puede influir sobre todas las facetas de la naturaleza que es controlada por el hombre. En realidad, el principal control es la mujer, la Madre. Si la Madre puede controlar pero no lo hace, entonces eso significa que la mujer fracasa en su gran responsabilidad.

Una mujer puede cambiar realmente a un hombre. Descubrimos que esto es así a través de nuestras experiencias prácticas. Había un muchacho que seguía un modo de vida realmente destructivo. Entonces encontró una muchacha tan bella, idealista y sensible que, en pocos meses, ese joven cambió de verdad. Había estado fumando, bebiendo, haciendo muchas cosas destructivas, pero cada vez que las hacía, ella le decía sonriendo: «Eres más grande que eso; eres más bello que eso». El muchacho poco a poco prestó más atención a lo que ella le decía y lentamente abandonó sus malos hábitos y se convirtió en un esposo ejemplar.

La mujer tiene un gran encanto que influye sobre las personas y causa grandes cambios psicológicos en aquéllas a través de su amor, su inspiración y su admiración, y lo que es bastante curioso, a través de su expectativa. La expectativa es un acto de evocación.

A las mujeres debe recordárseles, especialmente en el Día de la Madre, que tienen que afrontar una gran responsabilidad en la reconstrucción del mundo. Es por eso que la mujer moderna no se va a limitar a quedarse sentada en su casa. Una vez terminados sus deberes, afrontará grandes responsabilidades en política, educación, ciencia, religión, economía; en todas las relaciones sociales, las mujeres tomarán las riendas en sus manos.

En realidad, en la Enseñanza nos dicen que la Época de Maitreya es la Época de la Mujer, que la reaparición del Cristo, la era de Cristo, la era de la hermandad humana, la era de una sola humanidad, es la era de la femineidad. Es la era de la Madre.

¿Eso parece muy raro? Si realmente ha de serlo, entonces la mujer tendrá que trabajar arduamente sobre sí. Física, emocional, mental, espiritual y socialmente, deberá tener tal grado de cohesión que irradie una gran visión con tal potencia, tal energía, que la humanidad capte y siga ese sendero de liberación.

Un gran Sabio dice que Buda tenía a la mujer en máxima estima y declaraba que ella, lo mismo que el hombre, puede lograr el grado más elevado de iluminación espiritual. En la historia de la humanidad hay muchas grandes mujeres que iluminaron el camino hacia el amor, el sacrificio, el conocimiento y el verdadero liderazgo.

Como ya se dijo, poco a poco habrá mujeres que tomarán el rol de liderazgo en sus manos. La mujer gobernará. Pero cuando decimos que «gobernará», de inmediato traducimos mal el vocablo por una asociación de ideas. «Gobernar» significa aquí presentar el ideal de modo tal que los esfuerzos y trabajos de la gente se orienten magnéticamente hacia el mismo. Tal modo de gobernar crea incentivos hacia una meta más grande, y es esto lo que quiere decir gobernar.

Realmente, las mujeres han sido inspiradoras en todas las épocas, y cada vez más inspirarán hasta que todos los campos del esfuerzo humano se orienten hacia una vida basada en la Enseñanza. Esto no empequeñece al hombre. La alegría y el triunfo del hombre existen en manifestar el ideal y concretarlo plenamente.

El concepto de la *Madre del Mundo,* el Principio Creador Femenino, es un concepto supremo. ¡Oh, si nuestras madres, hermanas, esposas e hijas se identificaran con ese concepto y pensaran realmente como si fuesen la Madre del Mundo, el Principio Creador Femenino!

En filosofía esotérica, a las mujeres se las identifica con el principio del Espíritu Santo, que inspira, idealiza y trabaja para todos. Esotéricamente, esta inspiración reactiva todos los tesoros del cáliz, reacondiciona los registros de los átomos permanentes, y dirige la vida del niño y del hombre hacia el mejoramiento.

Algunas personas creen que porque tenemos los factores condicionantes en nuestros átomos y genes permanentes no podemos cambiar nada[7]. Esto es erróneo. En realidad, el cimiento íntegro de la educación se basa en el hecho de que podemos reacondi-

---

7 Véase *La Ciencia de Ser Uno Mismo,* capítulo XII, pág. 63, de T. Saraydarian, para más información concerniente a los «átomos permanentes».

cionar y mejorar las cosas. Por ejemplo, si el mal y el bien están en mí por mitades, puedo ser ambas cosas. Pero si encuentro a una mujer, o a una Madre, o a una esposa que me inspire hacia el bien, mi bondad entonces aumentará y decrecerán mis malas tendencias. Pero si la mujer que encuentro es de un orden bajo, entonces tengo pocas posibilidades de escapar de mis malas tendencias.

Yo estaba en Alemania, y una noche vi que, en una sala cercana, pasaban una película norteamericana. Me dije: «Bueno, es una película norteamericana; vayamos a verla». Pagué mi entrada, ingresé en la sala y empezó la película. Apareció en la pantalla una dama que era la encarnación del miedo y el delito, y comenzó a gritar: «Mis joyas, me las robaron, mátenlos, destrúyanlos…». Eso era tan emocional, tan criminal. Abandoné el teatro con pena en mi corazón, pensando: «Nosotros que somos una sobresaliente nación del mundo estamos exportando a otros países películas sobre delitos y violencia».

Las naciones deben exportar ideas de belleza, ideas de correctas relaciones humanas, ideas de justicia mundial y libertad a través de películas, revistas y diarios. Si creamos y exportamos películas que muestren la dignidad de las mujeres y las responsabilidades de hombres y mujeres, entonces podrán difundir una nueva educación por todo el mundo. El deber de las mujeres es inspirar tal idea en todos los que tienen estrecha relación con los medios de comunicación.

Si las mujeres educan en todas partes a la humanidad en elevados ideales, esto producirá un beneficio tanto material como espiritual, y disminuirán grandemente nuestros gastos si todos los países están en armonía recíproca. Las mujeres pueden hacer muchísimo difundiendo en otros países los ideales y bellezas supremos que el espíritu humano posee.

La *octava* responsabilidad es *estimular lo mejor en todos los campos.* La mujer puede hacer esto. Ella dice: «Amo aquel libro, ese movimiento, aquella compañía, aquel presidente, aquella música... porque ayuda a la unidad, a la comprensión; conduce a compartir, a la nobleza de espíritu». Cuando una mujer admira, el hombre la sigue porque quiere que la mujer lo admire. Esto es instintivo en él. La mujer sabe cómo hacer esto sin críticas, y sin herir a nadie. Dice, por ejemplo: «Disfruté todo eso, pero aquel punto determinado fue especial». Y subraya aquel punto y atrae la atención del hombre hacia lo mejor; entonces ese hombre tratará de hacerlo lo mejor que pueda. Pero, como se dijo, esto estriba en la educación y las percepciones intuitivas de ella.

La *novena* responsabilidad es *esforzarse hacia el futuro.* «Hijo mío, mi amor, cuanto digas, cuanto hagas es bueno por hoy, por ahora. Pero ¿es bueno para el futuro, para los siglos venideros, en los que brillará una luz mayor y habrá mayor unidad y mayores revelaciones?» ¿No es bella tal mujer? Cuando, por ejemplo, dice: «Sé que fracasaste muchas veces, pero podrás hacerlo si lo intentas otra vez. No vas a darte por vencido; otros lo hicieron, de modo que tú podrás hacerlo. El futuro te aguarda. Te admiraré de nuevo; levántate. No te des por vencido. Podemos hacerlo juntos. Mañana será el día de nuestra victoria sobre nuestras debilidades». O puede decir: «No me preocupa cuánto dinero ganes con mentiras o robo, me preocupa nuestro futuro, el futuro de nuestros hijos, las cargas kármicas de éstos.

Seamos pobres pero honrados. Tengamos una casa chica, pero con la mente en paz. Eso es mucho mejor para nuestro futuro. El momento actual es brevísimo, pero el futuro es interminable. Trabajemos para el futuro». Imaginemos a una mujer semejante.

La *décima* responsabilidad de una mujer es *aprender y enseñar las leyes del sacrificio y del servicio.* La Madre sabe que la máxima virtud de un ser humano es la aptitud para sacrificarse y servir. Esto significa ser una Madre; ella tiene el impulso innato de servir y sacrificarse por todos sus seres queridos, dándoles así un ejemplo para que se sirvan y sacrifiquen unos por otros.

Imaginemos una organización de mujeres que sostengan este principio de servicio y sacrificio frente a toda la humanidad, y, a través de todas sus expresiones creadoras, películas, artículos, libros y disertaciones, subrayarán la necesidad del sacrificio y del servicio mutuos. ¡Qué río educativo fluirá dentro de los corazones de la humanidad cuando las mujeres del mundo respondan a tal llamado y asuman una acción mundial!

Sacrificarse es dar lo máximo que tenemos para que un grupo se aproxime a sus ideales supremos. Servir es mostrar el modo de hacerlo.

La *undécima* responsabilidad de la mujer es *producir las supremas técnicas de supervivencia.* Paz, cooperación, participación, unidad y honestidad constituyen la estrella de cinco puntas de la técnica de supervivencia de la Nueva Era. La mujer, en todos los campos educativos es la que deberá recalcar estos principios, pues sólo a través de éstos, nuestros hijos tendrán mayores triunfos y alegrías en la vida.

¿Quiénes son los hijos de ella? Los hijos de todas las naciones, incluso los hijos de los denominados enemigos de su nación. Ella demostrará que la paz acarrea más beneficios que la guerra. La cooperación crea mayor triunfo para todos. La participación hace que disfrutemos más la parte que nos corresponde. La unidad hace que economicemos las energías de la naturaleza y disipemos todos los temores y limitaciones de nuestro condicionamiento. La honestidad hace que expresemos nuestros tesoros espirituales y establece una confianza de orden mundial. Las madres son quienes harán brillar la luz de esta estrella de cinco puntas por todo el mundo como la técnica de la supervivencia en la Nueva Era.

Conozco a algunas madres que perdieron a sus hijos en la guerra. Cada vez que un muchacho entra en los hogares de estas madres, ellas lloran. Cuando un amigo fue a despedirse de los padres de su amigo muerto, la Madre de éste lo abrazó largo rato y le dijo con lágrimas en sus ojos: «Que no te maten como a mi hijo». Hay una mayor afinidad psíquica, una mayor unidad, una mayor sensibilidad entre la Madre y sus hijos e incluso entre los hijos de otros.

Cuando las mujeres defiendan la vida, ningún poder podrá derrotarlas. En la Enseñanza, que es toda la sabiduría acumulada de los siglos, se dice que el máximo poder salvador es el corazón de una mujer, pero no se refiere a la emoción o al simbolismo. Se refiere a alguna clase de emanación del centro cardíaco de la mujer que cura, estimula, inspira e ilumina. Las mujeres pueden usar su poder del corazón para curar las heridas de las naciones, inspirándolas en pos de una mayor unidad y una cooperación mayores e iluminando a los líderes con la luz de sus corazones.

La *duodécima* responsabilidad de la mujer es *inspirar creatividad en todos los campos.* La mujer es la guardiana de todos los tesoros de la humanidad, pero esto no significa que esté atada al pasado. Si se estudia atentamente la psicología de la mujer, se podrá ver que su máximo deseo es el de crear e inspirar a los demás para que sean creativos.

La palabra «creativo» se usa aquí en otro sentido, en su sentido superior. Se podrá crear una sinfonía, pero se deberá ser creativo en la propia realización. A lo que aquí se refiere es a la creatividad a través de la cual la belleza oculta, la divinidad oculta dentro de nosotros empieza a manifestarse en nuestras relaciones diarias, en nuestras actividades físicas, emocionales y mentales, en nuestros planes y motivaciones.

La mujer no sólo da a luz físicamente a su hijo, sino que también puede concebirlo espiritualmente y dar a luz también su naturaleza espiritual. Algunas mujeres estarán temerosas ante tales responsabilidades, pero si bucean profundamente en sus corazones, entrarán en contacto con el fuego que allí las aguarda.

La mujer tiene un modo muy eficaz de suscitar en el hombre los poderes creativos. Su amor, su atención, su presencia, proporcionan los elementos que el hombre usa para manifestar sus ideas creativas. El hombre florece e irradia bajo los rayos del amor de una mujer que puede inspirarle idealismo, valentía, audacia y esfuerzo. Las grandes obras de un hombre se realizan, en su mayoría, bajo la inspiración de una mujer que es capaz de enfocar sus energías creativas hacia los supremos ideales y visiones.

No sólo la creación física necesita elementos masculinos y femeninos, sino que la creatividad mental y espiritual necesitan los elementos sutiles del varón y de la mujer para concretarla y efectivizarla transformando el nivel de la vida humana.

Los antiguos solían pensar que ningún hombre real debe humillar a una mujer porque la humillación de la mujer produce la caída del hombre. También decían que la explotación de la mujer por parte del hombre es la caída del hombre.

La pornografía debilita el deseo y la energía sexuales del hombre. La gente usa la pornografía para satisfacer su sed de sexo, debido a la debilidad de sus órganos. Vi a muchos hombres impotentes quienes, debido a su órgano muerto, rendían culto a imágenes de mujeres desnudas para gozarlas con su imaginación y reemplazar la necesidad de relaciones sexuales normales.

Cuando la mujer es explotada en los medios de comunicación, esto se refleja en la integridad del hombre, y rebaja su valor y su dignidad como tal. El hombre más digno es el que respeta a la mujer con plena sinceridad. El amor y la inspiración de la mujer hacen que el hombre se transforme y florezca.

Por lo general, la mujer nunca explota al hombre, a menos que ella quiera vengarse de él. Es el hombre quien explota a la mujer: su cuerpo, sus actos y sus emociones, para ganar dinero y triunfar. Los antiguos solían pensar que cada vez que una mujer es usada indebidamente, el hombre pierde su principal sentido de apoyo, que es la mujer.

Una mujer usada indebidamente y explotada no puede inspirar, animar, dirigir y ser sustentadora de un hombre.

Una vez oí a un anciano que le decía a su hijo: «Hijo mío, el triunfo del hombre es condicionado principalmente por la inspiración y el amor de la mujer».

La *decimotercera* responsabilidad de la mujer es *revelar las posibilidades futuras de la vida después de la muerte.* La mujer no limita la guía de sus hijos tan sólo al ámbito de la vida terrena. Ella siente en su corazón y a través de su intuición que la vida no debe terminar en la Tierra, sino que debe continuar eternamente. El hombre puede admitir intelectualmente tal postulado, pero la mujer lo siente. Al dar a luz una forma viva, ella entra en contacto más estrecho con la vida, y, hasta cierto grado, ella se identifica con la vida. Entra en contacto con el ser vivo, con el niño que por nacer, y está en el proceso de construir su cuerpo. Para ella es imposible creer que la vida y el ser con el que entró en contacto durante su embarazo y durante el período de lactancia podrá morir y desaparecer. Su naturaleza psíquica, sus contactos intuitivos, le dan la convicción de que la vida continuará incluso después de que el cuerpo muera.

Ella tiene esta convicción interior, aunque ésta esté nublada por presiones materialistas de muchas clases.

La mujer es el puente que vincula al mundo subjetivo con el mundo objetivo, al mundo del alma con el mundo del cuerpo, dentro de ella misma. Psicológicamente, la mujer tiene un contacto más estrecho con el mundo espiritual que el hombre debido a su percepción intuitiva y su sensibilidad. Es por eso que, en los misterios eleusinos, zoroastrianos y egipcios, el vínculo conector entre los mundos subjetivo y objetivo eran las vírgenes que actuaban como mediadoras entre el mundo de la sabiduría y la visión, y el mundo de la vida cotidiana y sus problemas.

Las *vírgenes*, en los templos de los misterios, eran esotéricamente las mujeres cuyo foco de consciencia estaba totalmente anclado en el plano Intuicional y nunca se interesaban por los sistemas reproductivos debido a la sublimación en vidas anteriores. A causa de esto, podían tomar contacto con fuerzas superiores y convertirse en transmisoras de grandes visiones, ideas y revelaciones. En la historia, muchas mujeres, luego de entrar en contacto con lo sobrenatural, elevaron su foco de consciencia hasta el plano Intuicional y dieron a la humanidad una Enseñanza suprema y una gran belleza, terminando gradualmente su relación de nivel físico con su ser amado.

El contacto con fuerzas superiores requiere que el sujeto use a la mujer o use las fuerzas de él con suma discriminación. Es por eso que se fundaban los monasterios, y los conventos estuvieron en actividad durante muchísimos siglos. Por supuesto, la existencia de monasterios y conventos no garantizaba que los estudiantes o miembros se dirigiesen realmente hacia una total sublimación, pero esa era la meta pre-ordenada.

Es muy extraño hallar vírgenes reales que no sólo estén apartadas de sus actividades físicas, sino que también lo estén de sus contrapartes emocionales y mentales de deseo sexual.

La responsabilidad de las mujeres es dirigir nuestra atención hacia el hecho de la continuidad de la vida y aconsejarnos que vivamos con sabiduría en el sendero del Infinito.

Psicológicamente, la Madre no puede aceptar la muerte de sus hijos. Isis fue la diosa-madre que recalcó este hecho. Ella se alzó como un puente entre la vida y la vida después de la muerte. Es responsabilidad de la Madre enfatizar la *vida,* la vida continua, como un hilo en el que nuestras vidas breves son como cuentas. Para hacer esto, la mujer necesita educarse y demostrar a sus hijos sus innatas convicciones de inmortalidad.

Es asombroso observar que, en todos los campos esotéricos, las mujeres son la mayoría, y no sólo en cuanto a asistencia y estudio sino también en conducción. En los cien años pasados hemos tenido mujeres notabilísimas en el campo del esoterismo que nos dieron una mayor esperanza en el futuro. Tenemos a Helena Petrovna Blavatsky, Alice A. Bailey, Helena Roerich, y muchas otras grandes que hablaron y escribieron sobre la vida después de la muerte y sobre la continuidad de la consciencia. Una Madre está a favor de la vida; instintivamente, ella sabe que la muerte no existe y enseñará este hecho en nuestro moderno lenguaje científico.

Una Madre es un eslabón entre el mundo ígneo y el plano físico. En ella estos dos mundos se encuentran, y es por eso que ella tiene consciencia del mundo ardiente, de los reinos psíquicos y de la orientación del mundo físico hacia ellos.

La responsabilidad última, o *decimocuarta* de las mujeres es *explicar la ley del amor y de la compasión.* Las madres saben más del amor que cualquiera en el mundo. El corazón de la Madre abarca a toda la existencia. Ella percibe intuitivamente que es una sola con el Creativo Principio del Universo, y en sus mejores momentos, la vemos identificada con ese Principio en bienaventuranza, en éxtasis, en dar todo lo que ella tiene y es. Si no se la «re-programa», el amor de ella es para todos. No hay división en su amor, y su amor tiene por fin encender los fuegos del esfuerzo en todos con quienes ella se encuentra.

La Madre se siente unida al amor que hace florecer a los árboles, que hace que las flores expandan su fragancia, que los pájaros trinen, los ríos corran, los océanos bramen, el Sol se eleve y las estrellas brillen. Ella sabe que, salvo a través del amor, no hay creatividad verdadera, no hay triunfo verdadero. Todas las alegrías y todos los dolores resuenan en su corazón. Es por eso que ella es la dispensadora del amor y de la compasión.

Imaginemos a una mujer que es la expresión del amor en su hogar y en cualquier sitio en que se encuentra. Imaginemos un arroyo de alegría que allí corre, ¡cuánto más sanos y brillantes serán sus hijos, cuánto más pacífica será con su esposo, con su jefe, y con todos los que trabajen con ella! Ella disipará el odio. Difundirá la tolerancia, el perdón y las relaciones humanas correctas. Ella acrecentará la buena voluntad. Construirá puentes de comprensión y cooperación. Podrá hacer todo lo que es bueno porque conoce el valor de la vida y el valor de cada ser humano. Ella está naturalmente preparada para compartir su vida y sacrificarla por aquellos a quienes ama.

Esta decimocuarta responsabilidad, la de explicar la ley del amor y de la compasión, sintetiza realmente todas sus responsabilidades. Una mujer es igual a su corazón. Tal como el corazón es para el cuerpo de un hombre, de igual modo la Madre es para el mundo. Si ella reconoce esta realidad, tiene la tremenda responsabilidad de ser un corazón, una fuente de compasión sobre la Tierra. Podemos imaginar que, si una mujer protege realmente este derecho, si realmente recalca la compasión en su hogar, en sus relaciones con sus hijos y con su esposo, en sus relaciones con la sociedad, con la nación, con la humanidad, ella promoverá una nueva vida en el mundo.

La compasión es más elevada y más profunda que el amor, pues la compasión es inclusiva y no tiene elementos separatistas en sí misma. La compasión lo unifica todo. Si las mujeres recalcaran realmente la compasión en todas sus relaciones ¡qué grandes cambios se producirían en el mundo!

Cuando un niño maltrata a un pájaro, a un gato, a un perro o a cualquier ser vivo, la Madre, por compasión, explica a ese niño por qué no debe herir ni matar. Ella le explica que cada vez que mate, cada vez que deforme, o cada vez que hiera o destruya, no se está comportando compasivamente. Si la mujer extiende esta idea hacia la humanidad y hacia las naciones y recalca esta relación en nuestra política y en nuestras religiones, ocurrirá un gran cambio en el mundo porque la compasión es la raíz de la comprensión.

H.P. Blavatsky, una gran mujer del siglo XIX, dijo: «La naturaleza misma de la compasión es la armonía». Siempre que haya compasión, dentro de nosotros, dentro de nuestra familia, nación o grupo, entonces hay armonía. La compasión fomenta la belleza, la armonía y la inofensividad. Esa es la gran belleza de una Madre: enseñar a sus hijos la esencia real de la inofensividad, la belleza y la armonía.

Tener compasión significa tener un amor que no se limite a nuestros sentimientos físicos o emocionales, ni que esté limitado por intenciones o condiciones parciales. Es ilimitado. Es amor por la vida de todo átomo, no sólo de la humanidad, sino de todo lo que existe. La compasión es un amor que realmente armoniza. Si consideramos al amor en esta etapa del conocimiento humano, es sólo parcial en nuestras mentes. Decimos: «Amo a mi país», pero en realidad estamos diciendo que hay otros países a los que no amamos. Eso no es compasión. La compasión es amor hacia todos.

En la India, muchos grupos espirituales rinden culto a la *Madre,* a la Madre del Mundo. La Madre del Mundo es el principio de la compasión. El corazón de la mujer podrá responder a las necesidades de todas las formas de vida si se mantiene libre de la separatividad y de las cristalizaciones. El corazón de la mujer percibe incluso el latido de la vida en las formas vegetales, animales, humanas y sobrehumanas. Debido a su compasión, ella alcanza las grandes cimas de la comprensión de la vida. A través de la compasión, ella se inicia en los estados superiores de consciencia.

Mujeres conscientes. Esto es lo que se necesita en nuestros mundos social, económico y político. La mujer de la Nueva Era enseñará, a través de todas las avenidas del esfuerzo humano, una gran materia: el valor de la vida. Ella averiguará cómo transformar a este mundo deformado, en una familia de naciones en la que la vida humana no se desperdicie. Ella asegurará que prevalezcan las condiciones correctas que aseguren que la generación venidera podrá crear una nueva cultura y una nueva civilización, basadas en los principios de la pureza, la belleza y el amor.

Las mujeres del mundo tienen nuestro destino en sus manos. ¡Que la fuerza de ellas aumente un año tras otro!

Mientras concluyo este escrito, recuerdo a un querido amigo mío. Fue durante la Gran Guerra, y él agonizaba por quemaduras que tenía en todo el cuerpo.

«¿Es posible», me susurró, «que vea a mi Madre?».

«A tu Madre ya le avisaron, y la estamos esperando».

«Quiero vivir hasta que mi Madre venga».

La Madre de este muchacho llegó luego de viajar durante dos días. Su hijo todavía vivía, pero con grandes dolores y sufrimiento.

Su Madre era una mujer bellísima. Muy digna y solemne ingresó en la habitación y se inclinó sobre su hijo. Ella puso la cabeza de él sobre su corazón y le dijo: «Estoy aquí».

«Mamá, te esperé para decirte cuánto te amo».

«Lo sé...».

Y él falleció. A través de mis lágrimas... yo la observaba... Me parecía que ella estaba abrazando a todos los hijos del mundo.

En mi sufrimiento por ambos, me incliné sobre ella, puse mi mano sobre su hombro y le dije: «¡No nos dejes morir más!».

Me miró con sus grandes ojos llenos de lágrimas y me contestó: «En el futuro no debemos fallar».

Esta fue una promesa que me hizo... y quise, a mi modo, recordarle su gran promesa para las generaciones venideras.

CONTINUANDO CON EL LEGADO

Torkom Saraydarian dedicó su vida entera a servir a los demás en el crecimiento espiritual. Al momento de su muerte física en 1997, muchos libros habían sido ya publicados y más de 100 manuscritos estaban a la espera de su publicación.

Torkom Saraydarian tenía la sabiduría y habilidad únicas para escribir todos estos libros magníficos y componer cientos de composiciones musicales en el lapso de una sola vida. La publicación y archivo de sus trabajos creativos tomará también una vida completa de esfuerzo cooperativo de nuestra parte. Necesitamos sus contribuciones y respaldo continuo, pues juntos podemos hacer que su sueño sea una realidad, y podemos hacer que su legado fructifique.

Un fondo especial, el *Fondo de Publicación de Libros de Torkom Saraydarian*, ha sido creado para la publicación de sus libros. Adicionalmente, un *Fondo de Donaciones* ha sido establecido para la perpetuación de todos sus trabajos creativos.

Contáctenos para más detalles y actualizaciones concernientes a los programas de publicación y archivo.

Usted puede contribuir con fondos para un libro entero, o dar cualquier cantidad que desee sobre una base continua, o como una contribución única.

Muchas gracias por su respaldo amoroso y continuo.

SOBRE LA FUNDACIÓN

T.S.G. Publishing Foundation, Inc. es una organización no gravable sin fines de lucro. Fundada el 30 de noviembre de 1987 en Los Angeles, California, se trasladó a Cave Creek, Arizona, el 1o. de enero de 1994.

Nuestro propósito es el de ser un sendero para la auto-transformación. Estamos completamente dedicados a la publicación, enseñanza, distribución y archivo de los trabajos creativos de Torkom Saraydarian.

Nuestra oficina y tienda en línea ofrecen una colección completa de los trabajos creativos de Torkom Saraydarian para la venta y distribución.

Nuestro boletín Outreach contiene artículos que fomentan el pensamiento y está disponible tanto en material impreso como en nuestra página web con notificaciones electrónicas gratuitas.

Free Wisdom es un servicio en línea para mantenerle actualizado sobre eventos, materiales interesantes y lecturas inspiradoras.

También conducimos clases, seminarios especiales de entrenamiento, Conferencias Anuales en los Estados Unidos e internacionalmente, y cursos de meditación para el estudio desde el hogar.

Contáctenos o visítenos en línea para detalles sobre nuestras actividades y eventos actuales y venideros.

Página web: *www.TSGFoundation.org*

LA UNIVERSIDAD TORKOM SARAYDARIAN

Torkom Saraydarian soñó con un centro de entrenamiento, usualmente llamándolo la Universidad, donde hombres y mujeres pudieran ser entrenados en la teoría y aplicación de los Principios y Valores Superiores de la Sabiduría Eterna. Llamó a tal educación superior

«Educación Acuariana» y motivó continuamente a sus estudiantes a formar tal institución en el futuro.

> *Hay una creciente necesidad de liderazgo en el área del conocimiento esotérico. Más y más gente se está desilusionando de las enseñanzas que reciben de oportunistas, de gente que tiene buenas intenciones pero están llenos de espejismos y vanidades, o de gente que quiere usar la Enseñanza como un negocio para recolectar dinero.*
>
> *Un gran daño se hace las personas que se aproximan a la Enseñanza con sinceridad en su corazón y son atrapados por grupos, instituciones u organizaciones que son sólo para actividades sociales o que funcionan como trampas de explotación. Algunos de estos buscadores gradualmente se olvidan de su búsqueda y se adaptan al entorno. Algunos de ellos suprimen totalmente su aspiración y esfuerzo espiritual debido a su desilusión. Sólo un pequeño porcentaje, a través de la discriminación, continúa su búsqueda para encontrar el campo adecuado donde puedan crecer y servir.*
>
> *El número de verdaderos buscadores está incrementándose. Debemos prepararnos para satisfacer sus necesidades y al mismo tiempo, resguardarnos de*

los peligros de caer en las vanidades, los espejismos, o en la utilización de los buscadores para nuestros propios intereses.

Torkom Saraydarian, *Leadership* I, p. 16

Nuestros primeros cursos de entrenamiento fueron lanzados en setiembre 2000. Tenemos clases presenciales así como por correspondencia. Para información sobre las clases y el registro en línea, visite nuestra página web o escríbanos.

https://www.tsgfoundation.org/tsg-university-information.html

INFORMACIÓN PARA PEDIDOS

Los trabajos completos de Torkom Saraydarian:

- Libros.
- Folletos.
- Música.
- Conferencias en audio y vídeo.
- Cursos de Meditación y estudio.
- Boletines gratuitos por correo electrónico.
- Visita nuestra sección de libros electrónicos en nuestra página web para ver las últimas actualizaciones.
- Catálogos completos disponibles en línea: *www.tsgfoundation.org*

Por favor contáctenos para información adicional:

TSG Publishing Foundation, Inc.
P.O. Box 7068
Cave Creek, AZ 85327–7068
United States of America
Tel: (480) 502–1909
Fax: (480) 502–0713
E-mail: *info@tsgfoundation.org*
espanol@tsgfoundation.org
Website: *www.tsgfoundation.org*

Para información sobre pedidos en español de este título:

Grupo Estudios Teosóficos Valencia, España:
Website: *http://fraternidad.info/g.e.t.html*
E-mail: *jrubio@editorialdagon.es*
Facebook: *Torkom Saraydarian en español*

Editorial Dagón:
Website: *www.editorialdagon.es*
E-mail: *jrubio@editorialdagon.es*

EDITORIAL
DAGÓN